NÉCESSITÉ

D'UNE

DERNIÈRE DÉBACLE

POLITIQUE

EN FRANCE.

Incedo per ignes
Suppositos cineri doloroso.
HORACE.

Prix : 1 fr. 50 c.

PARIS.

AU DÉPOT, RUE JACOB, N° 22,

ET CHEZ TOUS LES LIBRAIRES.

1836.

PARIS. — Imprimerie de BOURGOGNE et MARTINET, rue du Colombier, 30.

NÉCESSITÉ

D'UNE

Dernière Débâcle

POLITIQUE

EN FRANCE.

Incedo per ignes
Suppositos cineri dolorose.
HORACE.

Prix : 1 fr. 50 c.

Paris,

AU DÉPOT, RUE JACOB, 22.

ET CHEZ TOUS LES LIBRAIRES.

1836.

Cet écrit allait paraître lorsque l'incendie de la rue du Pot-de-Fer a dévoré l'édition presque entiè rement tirée.

PARIS. — IMPRIMERIE DE BOURGOGNE ET MARTINET,
rue du Colombier, 30.

DE LA

QUESTION POLITIQUE

ET EN PARTICULIER DES ABUS
DE LA POLITIQUE ACTUELLE.

CHAPITRE PREMIER.

SUR LES ERREURS PRATIQUES DE LA POLITIQUE.

§ I.

De ce que l'on doit entendre par *la Politique*, et de l'indifférence que l'on
commence à avoir pour elle.

Je vais marcher sur des charbons ardens, — non pas pour
me conformer à mon épigraphe, — mais parce que je veux parler sur les choses Politiques, et que je veux le faire franchement,
nettement, sans déguiser ma pensée. Si les pensées sont vraies,
si les idées sont justes, si les raisonnemens sont concluans, c'est
là ce qu'il faudra savoir et dont on doit s'enquérir. Qu'importe
le reste? si l'on trouve ici des vérités utiles, faudra-t-il repousser
ces vérités parce qu'elles ne sont pas d'accord avec telle ou telle
manière de voir?

Tout homme, en venant au monde, apporte au fond de son
cœur le sentiment inné de la justice et l'amour de la vérité. Ces
sentimens ne s'oblitèrent pas dans le cœur; seulement, de nos
jours, ils restent habituellement au fond; ils ne se montrent au
dehors que par momens, quand la volonté les évoque. On comprend ce qui est juste et vrai, quand on le désire. Nous serions
heureux que le lecteur voulût bien se mettre dans cette disposition pour trois heures, — le temps de lire cet écrit. Il s'agit d'o-
pinions, de théories, d'idées, à juger : c'est donc l'esprit calme
du juge, non l'esprit passionné de l'homme de Parti, qu'il conviendrait d'apporter ici.

Après ce court préambule, que l'on me pardonnerait certainement si je disais la raison pour laquelle je l'ai fait, — nous pouvons aborder notre sujet. Entrons donc dans les buissons d'épines.

La *Politique*, entendue avec tout le monde, dans le sens actuel et pratique du mot, désigne ici pour nous l'ensemble des théories ou opinions belligérantes, relatives aux principes constitutifs du gouvernement, ou aux différens systèmes administratifs qui se disputent les portefeuilles, pour le plus grand bien de la nation, sans doute, — puisque les assaillans de ces portefeuilles et ceux qui les défendent, ne s'entendant sur aucun autre point, s'entendent toujours sur celui-là.

C'est un fait avéré, certain, que, aujourd'hui et comparativement à des époques qui ne sont pas encore bien éloignées de nous, la Politique a perdu beaucoup de son importance et de son autorité; une grande quantité de ceux qu'elle comptait, il y a peu d'années, parmi ses dévots ardens, ne sacrifient plus maintenant à ses autels qu'avec tiédeur et seulement par habitude : d'un autre côté, des Idées d'un ordre différent sont en germe dans la plupart des bons esprits qui sont tournés vers l'avenir et à qui l'avenir appartient. Ceci est un fait : la Presse politique le signale elle-même chaque jour, elle s'en plaint amèrement; elle appelle cela une *coupable indifférence pour les intérêts du pays;* elle trouve que c'est un grand malheur, et nous comprenons fort bien qu'elle juge la chose ainsi.

§ II.

De la question de savoir si l'indifférence croissante en matières politiques est un mal, ou un bien; et ce que c'est qu'un Parti.

Cependant, — pour ceux qui n'ont pas un commerce de denrée politique à soutenir; qui n'ont à vendre au poids, à l'aune ou à la page, aucune des matières de consommation journalière à l'usage de la République, de l'Opposition, de la Légitimité ou de la Quasi-légitimité; pour ceux-là, disons-nous, il n'en saurait être de même; il est fort possible, en effet, que ces derniers se soient aperçus qu'il n'y a pas grand'chose de bon à tirer pour la Nation, pour la Liberté, pour l'Ordre, pour le bien-être de tous, des querelles que se font ces quatre opinions, leurs journaux et leurs innombrables nuances, à propos des intérêts de l'Ordre, de la Liberté et de la Nation; car ils débitent sur tout cela force belles paroles qui ne sont malheureusement pas accompagnées de résultats, à moins que ce ne soient des résultats fort déplorables et fort subversifs.

Ainsi, en admettant comme nous qu'il serait très-malheureux et très triste que l'amour du bien public se retirât des cœurs et son zèle des esprits, il se pourrait faire néanmoins qu'on vît avec joie la désertion qui se manifeste dans le domaine de la Politique, et le discrédit où tombent les controverses constitutionnelles et administratives, si l'on comprenait que ces controverses, loin d'être favorables au bien public, à l'Ordre, à la Liberté et au Progrès, retardent au contraire et compromettent toutes ces bonnes choses.

Si bien qu'en faisant appel au bon sens purement et simplement, comme nous croyons le faire ici, il ne s'agit plus pour juger la question en litige avec ceux qui commercent en denrée politique, que de savoir si le bien public exige que l'on augmente, active et soutienne la consommation et la circulation de cette denrée, ou s'il est intéressé, au contraire, à ce qu'on laisse tomber paisiblement cette branche d'affaires dans le discrédit qui se manifeste naturellement sur elle en ce temps-ci.

La question est bien simplifiée quand elle est posée dans ces termes nouveaux, et nous désirerions qu'elle fût présentée ainsi dans quelques uns des articles que la Presse émet surabondamment sur ce sujet. Mais ce n'est pas comme cela qu'elle entend les choses.

Chaque Parti politique, chaque opinion politique a la prétention, d'abord, d'avoir en main la Justice, l'Ordre, la Liberté, et en définitive le bonheur de la France; peut-être même irait-on jusqu'à celui de l'Europe, mais ça n'est pas aussi sûr. Au reste, quand nous employons le mot Parti et opinion politique, entendons bien que nous ne voulons pas caractériser un être réel, existant; un Parti, c'est une pure entité, un être de raison, quelque chose de vague et d'insaisissable, composé de beaucoup de gens qui ont plusieurs mots communs et servant de point de ralliement dans les batailles de la Presse, et de la conversation pendant ou après dîner. Mais qu'il y ait dans les Partis des idées communes, qu'il y ait quelque unité de pensée, qu'il y ait même des idées arrêtées, des doctrines précisées et positives, c'est ce que personne n'a jamais vu encore; de telle sorte que quand nous disons le parti A, B, C, D,... nous voulons dire l'ensemble des personnes qui ont étiqueté sous le nom du parti A, B, C, D, etc., leur opinion personnelle.

Or, on ne peut pas se figurer combien sont divergentes et peu d'accord entre elles les idées de toutes les personnes qui ont mis à leur opinion individuelle l'étiquette commune. Ces opinions sont si peu liées, elles forment si peu corps de doctrine, qu'il n'y a même pas, parmi les deux ou trois cent mille Français qui *jouissent d'une opinion politique,* un sot acceptant passivement l'opinion de son journal (il en est bien quelques uns de cette sorte dans le nombre), qui, nonobstant, n'ait la prétention décidée d'avoir *son opinion à soi.* « Monsieur, j'ai mon opinion à moi, je vous prie de le croire. » Si vous contestiez cela à votre interlocuteur, il se regarderait comme insulté; et cette formule si tranchée renferme bien l'idée que l'opinion à *soi* est une opinion faite par *soi,* qui a origine en *soi,* et qui diffère positivement de celle des autres...

§ III.

Comment il y a trois cent mille moyens de rendre la France heureuse: et, subsidiairement, du caractère de la Science politique.

Dès lors, vous voyez qu'il n'y a pas quatre moyens de rendre la France heureuse, comme on aurait pu l'entendre tout à l'heure quand nous parlions de quatre Partis, mais deux ou trois cent mille au moins; c'est beaucoup; nous pourrions dire que c'est trop : et, sans doute, un seul qui serait bon vaudrait mieux.

Parlant raison, il est certain que pour tout homme de sens l'existence simultanée dans un pays de deux ou trois cent mille opinions politiques différentes, prouve que la science politique n'est pas constituée dans ce pays. N'y eût-il que six, que quatre opinions belligérantes si vous voulez, leur lutte, leur combat, prouverait encore la même chose, car, enfin, il n'y a pas six ou quatre opinions chimiques, six ou quatre opinions astronomiques, géométriques, algébriques, etc., dans toutes les parties de ces différentes branches où la science est faite. Mais, dira-t-on, dans de pareils ordres de choses, il était bien plus facile de constituer la science que dans l'ordre politique. Nous répondons que quand cela serait, ce n'est point ce dont il est question ici. Nous ne disons pas qu'il est plus ou moins difficile de constituer la science politique que telle ou telle autre science, nous établissons seulement d'une manière péremptoire et indéniable qu'elle n'est pas constituée.

Ici pourtant, beaucoup de ceux qui ont leurs raisons pour cela, voulant à toute force éviter d'être face à face avec la question, cherchent encore à échapper par l'argumentation suivante : ils disent, « qu'il n'en est pas de la science politique comme » d'une science naturelle ou mathématique, où chacun accepte » la vérité parce qu'elle ne blesse les intérêts de personne; » qu'en politique les hommes n'acceptent pas la vérité quand » elle est contraire à leurs intérêts, etc. » Cet argument est très répandu, car il est à l'usage de chaque Parti, de chaque opinion individuelle; même on peut dire qu'il est d'un usage facile et commode : vous savez bien qu'en Politique on passe les neuf dixièmes du temps des discussions à dire aux Partis adverses, que tout irait bien s'ils n'étaient pas là, à la traverse, avec leurs vils intérêts, leur corruption, leurs mauvaises passions, etc., etc.; enfin, ce que vous avez lu cinq cents fois. Eh bien! ces beaux mouvemens d'éloquence politique qui composent à peu près toute l'affaire, et qui sont commodes pour la composition d'un journal ou d'un discours parce que c'est toujours la même chose, ne sont rien que des traductions plus ou moins oratoires, et plus ou moins poétiques, de cet argument que nous disions tout à l'heure. Il est donc très répandu et fort employé, cela est vrai; — mais c'est un malheur, car il est bien mauvais.

En effet : prenons l'astronomie. Les mouvemens des corps célestes sont l'affaire de l'astronomie. Avant qu'on eût trouvé la vraie raison de ces mouvemens, on avait sur eux mille systèmes faux, qui contrariaient plus ou moins les faits, rendaient compte des uns et non des autres; c'était le temps de l'astrologie. La science astronomique n'était pas constituée; il y avait alors anarchie dans les opinions qui différaient beaucoup et disputaient entre elles. Cette anarchie ne cessa que lorsque l'on eut trouvé la formule conforme à la vérité; et l'on reconnut qu'elle y était conforme, parce que, *comprenant tous les faits astronomiques, elle satisfait à tous également.* Ce fut de ce jour-là seulement que la science astronomique fut constituée.

Ainsi une science est constituée quand on a découvert la formule qui comprend et lie tous les faits qui la concernent, et satisfait également à tous à la fois. C'est là le caractère scientifique; quiconque a les moindres notions sur ce sujet le sait parfaitement; le simple bon sens suffit d'ailleurs pour le faire comprendre.

Or si la Politique, comme elle le prétend elle-même, a pour objet les faits sociaux, les intérêts généraux et particuliers, il résulte incontestablement de ce que nous avons dit, que la science politique ne peut être constituée que par la découverte d'une formule qui contienne une loi de combinaison de ces intérêts, *comprenant tous ces intérêts et les satisfaisant tous également.*

Ce qui fait que quand on soutient une théorie en disant que si elle est repoussée, c'est par les intérêts qui lui sont opposés et qu'elle froisse, cela revient exactement à dire que cette théorie est fausse, puisqu'elle laisse certains intérêts hors d'elle, les repousse et les sacrifie, pendant que le caractère de la formule politique véritable est de les satisfaire tous.

Et si l'on répond à ceci, toujours pour échapper à la logique, au bon sens et à la question, qu'il est impossible de satisfaire tous les intérêts; cela ne veut pas dire autre chose sinon que celui ou ceux qui parlent ainsi ne voient pas, ne connaissent pas le moyen capable de combiner tous les intérêts, de les satisfaire tous, et de plus, qu'ils se reconnaissent incapables de le découvrir, et par conséquent incompétens dans la question politique telle qu'elle doit être raisonnablement et humainement posée. Dès lors (à moins qu'on ne veuille se convertir à la raison, et par suite se mettre à chercher la formule dont nous parlons, ou écouter avec bonne foi ceux qui l'ont cherchée et qui prétendent l'avoir trouvée), on doit donner sa démission sur cet objet et se taire. Cela vaudrait mieux que de continuer à embrouiller et envenimer les choses par de sottes querelles, comme on le fait si bravement aujourd'hui.

§ IV.

Qu'il est difficile de trouver ce que l'on ne cherche pas; et comment il se fait que l'on est tantôt pour le séné, tantôt pour la rhubarbe.

Toujours est-il que si l'on convenait franchement que la science politique n'est pas constituée, que nos discussions de Parti et de Presse, ayant mal pris la question, et ne s'occupant qu'à se battre en brèche les unes les autres, ne sont pas en bonne voie pour arriver à solution, ce serait déjà un bon pas de fait; car, au lieu de continuer ces luttes ridicules, aveugles et malfaisantes, dans lesquelles on gaspille si misérablement de bonnes et belles facultés, on se mettrait à l'ouvrage pour constituer la science; on examinerait les bases de la question, qui sont les intérêts divers et aujourd'hui opposés; on étudierait leurs différentes exigences; on chercherait les moyens de les accorder entre eux. Vous comprenez de reste, sans doute, que cette disposition d'esprit est la seule qui puisse nous conduire à la découverte de ces moyens; car, enfin, tant que cette excellente partie de notre nature, qui nous fait un besoin de nous occuper des affaires publiques, ne servira qu'à exciter notre intelligence pour activer la querelle qu'ont entre eux les intérêts opposés, notre intelligence, tout occupée au combat des intérêts, ne sera pas en position de trouver les moyens de les accorder. Ce serait bien étrange qu'en s'occupant exclusivement à se faire la guerre les uns les autres on trouvât les conditions d'un bon traité de paix, favorable aux uns et aux autres! Il faudrait pour cela un miracle, et nous ne sommes plus au temps des miracles.

Ceci montre, au reste, l'origine de cette opinion irréfléchie, absurde, et par malheur si fort enracinée dans les esprits, que les intérêts qui disputent aujourd'hui ne sont pas susceptibles d'être amenés à l'accord par une meilleure combinaison des choses : il est simple que l'on ne croie pas à la possibilité de cet accord, quand on n'en a jamais cherché les conditions, quand au contraire on n'a travaillé qu'à perpétuer leur hostilité en consacrant tout le temps et toute l'intelligence à rendre cette hostilité plus vive et plus acharnée.

Voyez donc combien tous ces gens-là se trompent. Pour faire

beau jeu à la Politique, supposons que les deux ou trois cent mille opinions se réduisent à deux seulement : d'un côté ceux qui ont mis le mot de *Liberté* sur leur drapeau, de l'autre ceux qui ont pris l'*Ordre* pour devise. Remarquons, d'abord, que ces opinions ne sont pas autre chose que l'expression de l'intérêt du Parti qui les met en avant, car vous voyez bien que dans nos agitations politiques ce sont toujours ceux qui ont l'avantage du moment qui sont pour l'Ordre; et ceux qui ont le désavantage, pour la Liberté. Quand la Légitimité était au pouvoir, elle demandait l'Ordre; aujourd'hui qu'elle n'y est plus, elle combat avec la République qui n'y est pas non plus, au nom de la Liberté; quand le parti libéral qui est au pouvoir aujourd'hui, et qui demande si fort l'Ordre, avait le dessous, son mot d'attaque était la Liberté, — on se le rappelle bien, puisqu'il n'y a pas plus de cinq ans de cela; — enfin, si la République qui a pris spécialement maintenant la Liberté sous sa protection, s'emparait demain du gouvernement, demain vous la verriez en œuvre de l'Ordre et occupée à faire un gouvernement suffisamment fort et respectable; on se souvient qu'elle n'y allait pas autrefois de main-morte. Notez, d'ailleurs, que nous ne nous occupons pas ici de savoir si elle serait forcée d'employer les moyens qu'elle employait alors, ou si elle en pourrait employer d'autres, — comme elle le désire sans doute : ce n'est pas la question : nous constatons seulement qu'elle se mettrait tout de suite à vouloir l'Ordre, et qu'elle ne serait pas assez sotte pour ne pas modérer quelque peu la Liberté des Partis qui voudraient la renverser.

C'est ainsi que les affaires varient.

§ V.

D'un vieux morceau de musique politique à deux voix.

Les voilà donc, tantôt en haut, tantôt en bas, et vocalisant toujours ce même *duo* que nous savons par cœur pertinemment, j'ose le dire, depuis le temps qu'on nous le répète.

Voici ce *duo* : — *Amant alterna Camœnæ.*

CHŒUR DES AMIS DE L'ORDRE.

« Qui êtes-vous, vous qui nous attaquez? Les fauteurs du dé-
» sordre et de l'anarchie! les ennemis des lois et du pays! les
» perturbateurs acharnés de l'Ordre public! vous êtes de misé-
» rables agitateurs, sans cesse occupés à échauffer, remuer et
» soulever les mauvaises passions! il faut pourtant que l'Ordre
» que vous attaquez avec rage et fureur se rétablisse; il faut des
» lois sévères pour vous tenir en bride. La révolte est toujours
» menaçante, vous entretenez toujours l'hydre de l'anarchie,
» vous paralysez sans cesse l'action propice d'un gouvernement
» qui veut le bonheur du pays... Il faut bien le mettre à l'abri de
» vos tentatives révolutionnaires, il faut sauver l'Etat, sauver la
» France! il faut *intimider* les mortels ennemis du repos et de
» la paix! il faut les frapper d'une *crainte* salutaire sans laquelle
» le gouvernement devient impossible, il faut les *terrifier*.....
» Finissons-en avec les factieux! etc., etc. » Tout cela avec divers degrés de verve et d'éloquence, appropriés aux temps, aux
lieux, aux circonstances du moment, et qu'il est inutile de distinguer ici.

A quoi les autres répondent :

CHŒUR DES AMIS DE LA LIBERTÉ.

« Ah! que vous êtes bien des infâmes, vous qui vous prélassez
» au pouvoir et vous nourrissez des sueurs du peuple! Comme
» vous dévorez l'impôt! Comme vous vous jetez sur les trésors
» arrachés à la nation, à cette malheureuse France dont vous
» sucez effrontément le sang et les richesses! Vous êtes les en-
» nemis mortels de la Liberté, du Progrès, de tout ce qui est
» bon et honnête! Vous vous engraissez là bien à votre aise,
» n'est-ce pas? La place est bonne au pouvoir, misérables syco-
» phantes! Qu'avez-vous fait de vos principes, vous qui vous
» disiez les amis de la Liberté? vous les foulez aux pieds main-
» tenant, renégats sans âme et sans cœur! A vous les places! à
» vous les honneurs et les richesses! à vous d'opprimer par la
» force brutale et d'y joindre la ruse et la corruption; car tous
» les moyens vous sont bons; car vous êtes des gens sans mora-
» lité et sans conscience; car vous foulez aux pieds tout sentiment
» et toute justice! Ah! demander à des gens comme eux de la

» conscience et de la justice, autant vaudrait demander des
» moissons au désert, la vie à un cadavre! Holà! messieurs du
» pouvoir, il faut pourtant que cela finisse! Croyez-vous donc
» que le peuple que vous écrasez soit disposé à supporter long-
» temps encore votre honteux despotisme? Non, non! la mesure
» se remplit, elle sera bientôt comble et il faudra bien qu'elle
» répande. Le jour de la justice n'est pas loin! Allez, allez,
» vous n'êtes pas de taille à étouffer la Liberté! et, après tout,
» qu'êtes-vous? rien; une poignée de misérables, et il y a contre
» vous toute une nation généreuse qui est faite pour la Liberté,
» qui veut la Liberté! Ah! etc., etc. »

(Le plus curieux est qu'il y a beaucoup de vrai de chaque
côté.)

§ VI.

De diverses sortes de fruits de la Politique.

Mais, bon Dieu! où voulez-vous donc que tout cela mène?
Qu'est-ce que vous pensez tirer de tout cela? — De temps en
temps, une révolution, une usurpation, une restauration, et
puis des quantités de chartes et de constitutions! Des constitutions qui ne constituent rien du tout encore, qui déplacent ceux-
ci et placent ceux-là; qui donnent de la tablature aux plumes des
écrivassiers de journaux, des occasions pour varier le vieux
thème que nous venons de dire; qui prennent un temps d'enfer
aux amateurs des matières politiques; qui font fleurir les cabinets
de lecture, et éreintent l'agriculture, l'industrie, les arts, le
commerce; qui vous promettent l'ordre, la liberté, la justice, la
vérité, la prospérité de la France, toutes sortes de merveilles,
que sais-je? et qui vous donnent la guerre à l'intérieur, la guerre
à l'extérieur, des doublemens et redoublemens d'impôts, des
charges toujours croissantes. Tout cela nous perd notre temps,
notre argent, et nous fait du mauvais sang, sans compter que
cela nous en prend.

Pendant ce temps-là, il y a vingt-trois millions de pauvres
gens qui labourent la terre comme des forçats; huit millions qui
travaillent comme des galériens dans les ateliers et manufac-
tures; qui paient, paient, et paient toujours; qui mangent de
mauvais pain quand ils en ont; qui donnent leurs garçons à la

conscription tous les ans, leurs filles aux grandes villes pour l'usage de ceux qui s'en servent; qui souffrent comme ont souffert leurs pères et ne font pas un pas sans que la misère ne se mette en route avec eux; enfin qui n'ont pas de meilleure perspective que l'hôpital quand la maladie les prend, et dont les enfans se gênent beaucoup pour les faire enterrer, s'ils n'ont pas travaillé le jour de leur mort. Ces trente-un millions de Français dont nous parlons ici sont bien de la nation, j'imagine, quoiqu'ils ne jouissent pas d'une opinion politique et s'en soucient peu; la Politique ne fait pas mieux aller leurs affaires, au contraire; et quand il arrive qu'elles ont un moment de mieux, c'est justement quand la Politique calmant un peu son zèle bruyant pour le bien public, laisse la nation respirer un instant en paix. Quand il y a quelque amélioration pour le peuple, ce n'est pas plus par les perfectionnemens et les recrudescences de la Politique que par les recrudescences du choléra, mais c'est bien par les perfectionnemens de l'industrie, de l'agriculture, et les recrudescences du travail productif.

Plus les discussions, luttes et batailles politiques sont vives, acharnées, brûlantes, plus les sources de la prospérité publique diminuent, et moins bien vont toutes les affaires, si ce n'est celles des écrivains de journaux politiques, actionnaires de journaux politiques, faiseurs de journaux politiques, et de toute espèce de brochures, livres, pamphlets et commerces politiques. Après cela, vous direz : Il faut que la nation française, réputée si spirituelle, soit bien bête pour se laisser toujours, au grand toujours, leurrer, bafouer, mener, endoctriner et prendre son argent par ces gens-là. — C'est vrai, et nous sommes de votre avis.

Ensuite, nous ne disons pas que tous les journalistes et écrivains politiques ont pour but unique de nous prendre de l'argent. Non : nous disons seulement que c'est là toujours, en dernière analyse, que cela aboutit. Il y a parmi eux de très honnêtes gens; nous en connaissons quelques uns; il en est certainement qui croient, de bonne foi, être utiles à la France. Aussi, nous soutenons que ceux qui vont franchement sont des gens estimables. Ce n'est pas une raison, cependant, pour encourager leur erreur en contribuant à les y maintenir. On doit, au contraire, les aider à en sortir, en leur donnant les moyens de mieux employer leur temps, leur intelligence et leur zèle dont le principe est louable. Vous voyez bien qu'ils disent tous et toujours : *Il est temps d'en finir !* et ils n'en finissent jamais. Toujours des révolutions glorieuses, des glorieuses révolutions, des révolutions impérissables : il n'y a pas de nation qui pourrait y tenir.

§ VII.

Du tort que la Politique a eu de séparer l'Ordre et la Liberté, et des boutons de la garde nationale.

Voyez, au reste, comme la Politique (sur laquelle il convient de jeter tout le mal, et qui divise tant d'hommes réellement faits pour s'estimer et se comprendre) a mal emmanché son affaire, — passez-nous l'expression, — elle a fait deux camps, l'un pour l'Ordre, l'autre pour la Liberté; et puis, elle a cantonné dans ces camps les Partis qui n'en démarreraient pas pour un empire, ou plutôt qui n'en voudraient démarrer que pour un empire.

Nous savons bien qu'il est assez agréable et satisfaisant de se dire, — à part soi, — et même de dire tout haut, très haut, d'un côté : « Nous sommes les vrais bons citoyens, nous, les hommes
» amis de leur pays, des lois, de l'Ordre; et nous n'avons pour
» ennemis que ces agitateurs à mauvaises passions qui seraient
» enchantés de bouleverser tout un pays pour assouvir leur am-
» bition. »

Et de l'autre côté : « Nous sommes, nous, les hommes du
» pays, du peuple, dévoués avant tout au bonheur de la nation,
» prêts à verser notre sang pour la conquête de ses droits; nous
» sommes et serons toujours les hommes de la Liberté, et nous
» n'avons, en face de nous, que ces misérables qui barrent la
» route au progrès, gouvernent par la corruption, vendent, tra-
» fiquent, pompent, sucent, etc., etc., » enfin tout ce qu'on dit en pareille circonstance.

Cela est vrai, il est satisfaisant de se rendre cette justice de chaque côté; mais cela n'empêche pas que la Politique n'ait eu tort et très tort de mettre ainsi dans deux camps séparés et hostiles, l'Ordre et la Liberté. (Ici j'entends quelqu'un dire qu'à la révolution de juillet, on a écrit sur les corps-de-garde de la garde nationale : *Liberté-Ordre public* : et que ces deux mots se voient encore unis sur les boutons de cette même garde nationale ; — nous ne nions pas le fait, nous disons même que cela était très bien, et prouvait de la bonne volonté, un excellent esprit et les excellens désirs de cette garde nationale qui a aimé et voulu cette devise. Pourtant, cela ne suffit pas ; on a uni les deux choses sur les corps-de-garde et sur les boutons ; on a bien fait, nous le répétons ; mais la Politique n'a pas eu de respect pour cette manifestation, et les deux choses demeurent toujours séparées dans les Partis, quoique unies sur les boutons et sur les corps-de-garde. Voilà notre réponse : elle est conforme aux faits. — Revenons.) Nous disions qu'il était important de ne pas établir un antagonisme entre l'Ordre et la Liberté, et nous avons deux raisons pour soutenir cette thèse :

§ VIII.

Des raisons que l'on pourrait avoir de ne pas isoler l'Ordre et la Liberté.

La première, c'est que si l'Ordre et la Liberté sont tous deux de bonnes choses, il ne faut pas avoir l'air de faire ainsi de la condition de triomphe de l'une, une condition de revers pour l'autre ; car, si toutes deux sont bonnes, un Parti raisonnable serait celui qui prendrait également à cœur de les réaliser toutes les deux, et qui s'occuperait de trouver les conditions de leur co-existence ; au lieu de se faire simplement de l'une, une arme contre ceux du Parti qui se fait une arme de l'autre.

La seconde raison que nous avons encore, c'est qu'en y regardant bien, on peut se convaincre que l'une, loin d'être opposée à l'autre par essence, lui est au contraire essentiellement et parfaitement nécessaire. Voici comment cela se voit :

D'abord, pour la Liberté : on sent bien que dans le désordre et dans l'anarchie, la Liberté est un mot qui n'est qu'une dérision quand on l'applique à ceux qui ne sont pas les plus forts, et qu'il n'a un sens que pour ceux qui ont le talon de leurs bottes ou la semelle de leurs souliers ferrés, de leurs sabots si vous voulez, sur la gorge des autres. Liberté, pour ceux-ci, veut dire tout simplement pouvoir d'empêcher que ceux qu'ils tiennent comme nous venons de dire, ne crient ou ne remuent trop fort ;

et pour ceux-ci encore, ceux-ci mêmes qui ont le talon de leu
botte, leur soulier ferré ou leur sabot ainsi placé, le mot d
Liberté n'a qu'une valeur de peu de durée, véritablement éphé
mère; car, comme ils ne peuvent pas avoir les muscles toujour
tendus, les patiens finissent toujours par se relever, mettre ceu.
de dessus, dessous, et leur rendre soulier ferré pour talon d
botte, ou talon de botte pour soulier ferré. D'ailleurs, cett
Liberté, indépendamment de ce qu'elle est éphémère, est un
vilaine Liberté, et ne peut pas être réclamée dans une discussior
entre gens du même pays qui sont suffisamment policés. On es
déjà assez malheureux, quand on est le plus fort, d'être *obligé*
de prendre cette Liberté-là pour contenir les autres, qui, san:
cela, ne se soumettraient pas volontiers à l'Ordre que l'on a établi
— Voici donc qu'en l'absence de l'Ordre fondé sur l'harmoni:
naturelle ou artificielle, sur l'accord des intérêts, de l'Ordre
consenti, volontaire et bien assis, la Liberté n'existe pas pou·
les intérêts opprimés, — quelle que soit la classe opprimée
haute ou basse —; et que la Liberté de mauvais aloi des oppres
seurs elle-même ne peut pas durer, si toutefois la nécessité o·
ils sont de surveiller et comprimer sans cesse, peut s'appeler
pour eux de la Liberté.

L'Ordre produit par l'accord des intérêts, — et c'est là seule
ment ce que l'on peut appeler Ordre, — est donc la conditior
sine quâ non de la Liberté.

D'un autre côté maintenant, il est palpable que la Liberté
est la condition même de l'Ordre; car les hommes et les inté
rêts qui ne sont pas libres se sentent plus ou moins gênés, con
traints, opprimés; s'ils se sentent gênés, contraints, opprimés
ils souffrent; ils sont donc, par position même, portés à réagir
contre la cause de leurs souffrances, contre la domination qui leur
est imposée. Ils menacent donc perpétuellement l'Ordre : le dé
sordre se fait donc jour partiellement, à chaque instant, ici et
là, à droite et à gauche, par des frottemens, des résistances,
des émeutes, des révoltes, jusqu'à ce que la réaction devenant de
plus en plus puissante, il ait enfin la force de faire sa *révolution*.

Alors, c'est le tour des autres.

Et puis, l'Ordre en l'absence de la Liberté, cet Ordre qui

opprime plus ou moins, n'est pas un Ordre de bon aloi, comme nous le disions tout à l'heure pour la Liberté.

Ainsi, en l'absence de la Liberté, point d'Ordre véritable, point d'Ordre stable même (à moins d'une énorme compression sur laquelle nous ne devons pas spéculer).

La Liberté est donc la condition de l'Ordre, comme l'Ordre est la condition de la Liberté.

De plus, *l'Ordre et la Liberté ne peuvent résulter absolument que de la parfaite harmonisation des intérêts; ou, — si vous ne voulez pas l'expression absolue, mais seulement l'expression relative : — on ne peut faire des conquêtes progressives, dans le sens de l'Ordre et de la Liberté, qu'au fur et à mesure qu'on sait réaliser l'accord d'un plus grand nombre d'intérêts.*

L'Ordre et la Liberté sont donc parfaitement corrélatifs à la nature de la combinaison des intérêts sociaux, et sont la consé- quence de l'état même de cette combinaison : si bien que si vous supposiez une nation où l'harmonie des intérêts serait parfaite, l'Ordre et la Liberté seraient absolus dans cette nation; et si vous supposez une nation dans laquelle, au contraire, les inté- rêts sont tous parfaitement opposés, le désordre y sera parfait, et la Liberté nulle.

CHAPITRE II.

SUR LES ERREURS THÉORIQUES DE LA POLITIQUE.

§ I.

Que l'on se querelle souvent pour un malentendu.

Tout ceci est si clair qu'il n'est personne qui ne l'ait pensé au moins une fois dans sa vie, et qui ne soit disposé à en convenir avec nous. Comment se fait-il donc que l'on en reste à des disputes aussi étroites et peu sensées que celles dans lesquelles se complaisent si malheureusement nos partis politiques et leurs verbeux organes ? Par quel fatal entêtement voyons-nous toujours les partisans dévoués de la Liberté aux prises avec les amis de l'Ordre qui est la condition de la Liberté ; et réciproquement les partisans de l'Ordre en guerre avec les amis de la Liberté qui est la condition de l'Ordre ? Il faut bien qu'il y ait là-dessous un malentendu, et ce malentendu ne provient d'autre chose, sinon qu'au lieu de s'occuper de la *recherche des moyens nécessaires pour réaliser l'alliance des intérêts*, profitable à tous les intérêts, on s'occupe exclusivement *à maintenir et à activer leur lutte*, qui n'est guère profitable qu'à ceux qui trafiquent de cette lutte.

Au reste, nous autres qui, — sans vanité, car c'est chose bien plus facile qu'on ne pense et il ne faut pas grand talent pour cela —, pouvant profiter de l'erreur générale, et partager les produits des ferrailleurs politiques en nous engageant dans la lutte, venons demander au contraire, — chose peu lucrative et bien moins facile dans l'état actuel des esprits, — que l'on se calme un peu pour écouter la raison ; nous autres, dis-je, nous cherchons si peu à en imposer en parlant ainsi, que nous n'avons qu'à prier les hommes de sens d'écouter le langage des faits qui se produisent sous nos yeux.

Les faits, d'accord parfaitement avec la critique que nous nous permettons sur l'action funeste de la Politique, prouvent tout justement que dans nos querelles si mal conduites, ce sont précisément les chevaliers de la Liberté qui, par leur manque d'un respect suffisant pour l'Ordre, compromettent toujours le plus gravement la Liberté; tandis qu'au contraire les champions de l'Ordre compromettent sans cesse l'Ordre par leur manque d'égards suffisans envers la Liberté. Voyez :

La Restauration, — nous pourrions aussi bien remonter à 89, car c'est toujours la même chose — , la Restauration voulant se faire un gouvernement *fort*, et tenant trop peu de compte des exigences des amis de la Liberté, se mit un beau matin à fair de l'Ordre trop vigoureusement : qu'en résulta-t-il ? Elle fit une révolution. On la chassa comme elle méritait.

Le parti de la Liberté vint donc au pouvoir en Juillet; et, quoi qu'on en puisse dire, tout le monde sait bien au fond qu'on eut alors une Liberté politique assez prononcée, car, enfin, à moins d'avoir la Liberté de renverser le gouvernement sans qu'il lui fût permis de lever le petit doigt pour se défendre, on put alors et tout dire et tout faire.

Dans cette conjoncture, que firent ceux qui se chargèrent d'être les curateurs de la Liberté ?—Ce qu'ils firent ? Mon Dieu, vous le savez; beaucoup de sottises; ils se conduisirent comme des écoliers.

§ II.

Comment auraient pu raisonner les Partis opposans, s'ils avaient eu l'idée de parler raison; et du tort que l'Opposition, qui est pour la Liberté, a fait à la cause de la Liberté.

D'abord les plus décidés commencèrent par s'en prendre au principe monarchique, de ce que la France n'était pas devenue un pays de cocagne, par la vertu du glorieux combat des trois jours, du voyage de Charles X à Cherbourg, de la commotion industrielle et commerciale que produisit cette petite secousse, et du *qui vive* de guerre dont elle fit donner la consigne dans toutes les nations de l'Europe. On s'était monté la tête et le cœur sur les *conséquences de la révolution de Juillet;* cela provenait d'un bon désir sans doute ; on aurait voulu voir se réaliser pour le pays , les rêves que l'on avait dans la tête, les espérances que l'on portait dans son cœur. Mais parce que les élémens du bien-être, de l'Ordre , de la Liberté ,. de la prospérité publique et particulière, sont dans le développement harmonique et convergent de. l'agriculture , des arts, de l'industrie , de l'éducation , dans l'Association des intérêts, dans la combinaison concordante des *rapports sociaux*, et que le coup de pavé de Juillet, fait tout *politique*, ne pouvait produire qu'un *résultat politique*, un remaniement constitutionnel, et non pas une nouvelle et meilleure *combinaison sociale*, fallait-il donc si vite se jeter dans un tourbillon de haines grossières et sauvages ,. traiter les gouvernans , les ministres, le roi,.les chambres, tous les pouvoirs enfin, comme pas un manant n'a jamais traité son. âne , son chien, son bœuf , sa femme ou son enfant ?..

Cette révolution de juillet était une bonne expérience. Il y avait manière d'en profiter : je suppose que les amis du Progrès, du Peuple et de la Liberté, eussent dit ceci, par exemple : « Nous » nous étions figuré que la Politique était toute l'affaire; c'étaient » les journaux, qui ne sont pas assez désintéressés dans la question pour être des juges infaillibles , qui nous avaient mis cela » dans la tête. Nous avions cru de bonne foi qu'il suffisait d'écrire des principes libéraux sur une feuille de parchemin pour » que tout allât au mieux; nous en avons fait dans cette partie » là, en trois jours, plus que nous n'espérions en faire avec les aî » nés en trente ans. Les aînés sont partis; c'est eux qui l'ont » voulu, — et nous un peu aussi, — ant mieux : c'était une race » entêtée, vieille, stupide et bigote, que les étrangers nous avaient » ramenée dans leurs fourgons au jour de nos revers. — Ceux-ci » parlent français ; nous sommes passablement libres pour le mo » ment, nous avons mis dans la Charte le principe de la souverai » neté du peuple ou à peu près; et cependant tout ne va pas encore » aussi bien que nous l'aurions cru, par suite d'un pareil progrès. » C'est que peut-être la prospérité et le bonheur de la nation dépen » dent de quelque autre chose encore que de la Politique et de l' » constitution. Voyons, remontons un peu aux sources de la pro » spérité; ne nous enfonçons pas, tête baissée et yeux fermés, dan » la Politique, sans prendre garde au reste; cherchons les moyen » positifs et pratiques des améliorations sociales. Si nous parve

»nions à les trouver, — et il faut bien les chercher pour cela, —
»et que nous fissions une France riche, prospère, libre et heu-
» reuse, ce serait d'une belle propagande en Europe et sur le
» monde, et notre France serait bien plus encore la grande
» nation par la paix donnée au monde, que par la guerre
» qu'elle lui a si rudement faite.

»Et puis, après tout, si les hommes que la marée des trois
»jours a amenés au pouvoir, et qui ont été pour nous les prêtres
» de la Liberté, nos idoles des quinze ans, se montrent maintenant
« moins en amour de la Liberté qu'alors ; de bonne foi, quelle au-
« tre garantie que notre parole d'aujourd'hui, — pareille à la
» parole qu'ils donnaient hier, — avons-nous à offrir à la France?
»En conscience nous ne pouvons pas l'engager dans une révo-
» lution nouvelle pour nous mettre au Pouvoir, quand nous n'a-
» vons à lui offrir encore en garantie que notre parole, notre
» moralité, notre patriotisme, — solides sans doute, et fort supé-
» rieurs au patriotisme et à la moralité des autres, — mais qui
» cependant ne vaudraient pas un système bien arrêté, bien pré-
« cisé, qu'on pourrait présenter à la France, discuter, juger, et
« dont l'application *serait indépendante de la valeur de ceux qui*
» *le proposent.* Donc étudions les choses; allons au fond et tâ-
» chons de nous entendre sur un plan. »

Je vous demande un peu si ceci n'eût pas été sage et bien rai-
sonné ! Eh ! bon Dieu, si nos gouvernans sont les ennemis nés du
pays, du progrès, de la liberté, de son bonheur et de sa gloire, de
toutes les bonnes choses, — dont on nous dit tant les mots et si
peu les moyens, — nous le verrons bien. Quel meilleur procédé
peut-il exister au monde pour leur faire opposition, pour les
paralyser, *pour rendre chacun d'eux à son domicile particu-*
lier et à ses occupations domestiques, que de chercher un bon
plan d'organisation des choses qui intéressent tout le pays; un
bon système là, bien établi, qu'on puisse montrer à tout le
monde, en prouvant à tout le monde qu'il est dans ses intérêts?
Si votre système est bon, il doit augmenter le bonheur commun,
la prospérité commune; il n'a donc rien à prendre à personne,
et dès lors il ne peut qu'avoir beaucoup d'amis et point d'ennemis. Entendez-vous là-dessus ; montrez-nous cela; faites-nous-le
comprendre et nous l'accepterons. Sommes-nous donc tous si
sots que nous nous coalisions sans raison contre notre propre

bien? Encore une fois, dites à la France ce qu'il lui faut; travaillez à le lui faire entendre, si vous le savez, et elle le prendra et vous remerciera. Si les ministres et leurs amis s'y opposaient, — et nous ne voyons pas pourquoi ils feraient pareille sottise, — eh bien! alors on les remercierait aussi........

C'est que, peut-être, vous ne savez pas encore très clairement ce qu'il faut à la France, — car si vous le saviez, vous ne pourriez pas le si bien cacher qu'on n'en voie un peu quelque chose ; — alors, mes amis, que demandez-vous? Qu'on fasse encore du bruit pour vous mettre où ils sont? — Eh! à quoi bon? ils sont aussi bien là que vous pourriez y être, je vous assure : sans compter encore que si vous y étiez, vous nous donneriez une fière besogne avec nos voisins, nous qui avons tant à faire chez nous?

C'est comme cela qu'il fallait raisonner! mais pas du tout. L'Opposition a bavardé à oreille que veux-tu. Ses orateurs, ses avocats, toutes ses capacités enfin, au lieu de travailler à la recherche de la chose que nous disions, ont fait un tapage d'enfer à la tribune et dans les journaux. Ils ont attaqué à tort et à travers; ils n'ont pas fait grâce à leurs adversaires d'une seule mesure, fût-elle excellente au fond; ils ont exercé dans toute sa rigueur la doctrine du *timeo Danaos et dona ferentes*, qui pouvait être bonne au siége de Troie à propos d'un cheval de bois, mais qui était hors de saison les années dernières à propos de nos affaires; enfin ils ont tant crié, qu'ils ont étourdi tout le monde et qu'on ne veut plus les écouter. — Voilà pourtant ce que l'on gagne à n'être pas raisonnable. Vous nous avez tant de fois dit que la Charte était violée, que les ministres étaient des misérables, des criminels, que sais-je? que vous avez usé tous ces moyens, — très bons sans doute dans les grandes occasions, — mais dont il faut user sobrement comme de toutes les meilleures choses. Ah! c'est bien vous-mêmes qui avez gâté la partie. On ne fait plus compte de ce que vous dites quand il serait important que l'on vous écoutât; et il vous arrive chaque jour maintenant ce qui arrive au menteur quand il trouve occasion de dire la vérité; on ne le croit plus. — Ainsi l'opposition qui est surtout pour la Liberté, s'est justement mise dans l'impuissance de la préserver contre les envahissemens du pouvoir. Est-ce habile ?

§ III.

Des grands dommages que la République, qui est amie de la Liberté,
a faits à la cause de la Liberté.

Quant à la République, c'est elle, surtout, qui se pique d'amour pour la Liberté! Ce mot l'enivre, elle en est folle. Eh bien! il est arrivé de là ce qui arrive de tout amour par trop exclusif, excessif et déraisonnable; cet amour a été fatal à son objet.

Voyez, en effet: la République, qui a bon cœur au fond, sans aucun doute, mais qui est assez ignorante par éducation, trop portée au genre déclamatoire par habitude, trop cavalière dans ses allures, trop cassante par nature, et d'une humeur encore plus belliqueuse qu'un enfant à qui on vient de donner son premier tambour; la République s'en prit tout d'abord, et de tout, au principe monarchique. A peine le vent de Juillet eut-il fait tourner un nouveau gouvernement, qu'elle fit comme Don Quichotte et s'attaqua à ce moulin à vent.

Si je la compare ici à ce pauvre chevalier, qui était très brave, comme elle, et animé, comme elle aussi (je parle de la masse jeune du Parti), des plus généreuses intentions, c'est qu'il y a bien des raisons pour établir la ressemblance: d'abord, la bravoure et la générosité, égales de part et d'autre, comme je viens de dire; puis, de part et d'autre, cette malheureuse manie de tout attaquer, moulins à vent, outres, principe monarchique, lions, conducteurs des lions, conducteurs de la chaîne des galériens, ministres, troupeaux de moutons, pairs, députés, enfin, tout ce que l'un et l'autre rencontraient sur leur passage, soit debout, soit assis; — et cela, nous le répétons encore, avec les plus généreuses intentions du monde. Quand la République n'est pas occupée à se pâmer d'amour pour l'humanité, il faut qu'elle querelle, qu'elle attaque, exactement comme son si honnête prédécesseur qui avait toujours sa grande lance au poing et sa rossinante entre les jambes, sitôt qu'il ne faisait plus de cabrioles et d'extravagances à propos de sa princesse.

Don Quichotte aurait pu faire des malheurs, la République a eu le malheur d'en faire, voilà une différence: mais l'un et l'autre parlaient aussi sensément que tout le monde sur tous les sujets qui ne touchaient pas à la corde malade; et comme Don Quichotte a fini par se guérir, il faut espérer qu'un jour viendra qui ajoutera à l'histoire du Parti cette dernière et heureuse ressemblance avec l'histoire du héros.

Quoi qu'il en soit de l'avenir, ces messieurs de la République ont tant fait des pieds et des mains, des griffes et des dents, ils ont tant crié, tant menacé, tant fait les terribles; leurs journaux, leurs sociétés, tous leurs organes de vie et d'action, ont manifesté tant d'aveugles colères et si peu de sens, ils se sont roulés dans tant de dégoûtantes orgies d'injures, de haines sauvages, de brutales calomnies; ils ont si bien ouvert sous leur drapeau un asile pour toute chose subversive; ils ont si bien mis à découvert leur mépris pour l'Ordre et pour toute espèce de pouvoir établi; ils ont tant de fois prêché la révolte, échauffé, provoqué ou protégé la hideuse émeute, qu'ils ont fini pour donner à tout ce qui a sou et maille, ou seulement amour de la tranquillité dans la nation, la plus profonde frayeur pour ce mot de République qui, — précisément parce qu'il est sonore et ne correspond à rien du tout, — avait assez de chances de succès en France.

Mais le malheur n'est pas que beaucoup d'honnêtes gens se soient pris d'horreur en France pour ce mot de République; le vrai malheur, c'est que ces messieurs ont si souvent prononcé le mot de Liberté dans leurs saturnales de plume, de parole et de combat, et qu'ils ont fait un si triste usage de la Liberté que nous avions tous, que les bourgeois en sont arrivés à croire que tout le mal était dans la Liberté. Je ne sais si les gouvernans ont compris cela comme les bourgeois; toujours est-il qu'ils ont agi comme s'il en était ainsi, et ils ont merveilleusement exploité le sentiment pour monter à cheval sur la Liberté et lui mettre le frein entre les dents.

Qui est-ce qui n'est pas convaincu dans son âme et conscience que l'on n'aurait jamais obtenu ni même osé proposer, ou seulement pensé à demander la loi d'omnipotence ministérielle sur les associations, l'interdiction de la discussion du principe constitutionnel, la nouvelle juridiction d'amour sur la Presse, le système des interprétations, les monstrueux cautionnemens, etc., si l'on ne se fût servi de l'association pour lever et organiser effrontément des armées régulières avec mot d'ordre, plan de

campagne, contributions de guerre, et annonce du combat pour
le jour où les cadres seraient au complet et les recrues suffisamment exercées et montées, enfin, pour quand on serait prêt; si
l'on ne se fût servi de la Presse pour développer monstrueuse-
ment toutes les mauvaises passions et remuer tous les fermens
de haine; si l'on n'eût fait, de la discussion des principes consti-
tutionnels, une provocation incessante et passionnée à la révolte; si l'on n'eût envahi par la force brutale le beau domaine
de la parole et de l'intelligence; si l'on n'eût passé par-dessus
toutes les barrières dressées contre le dévergondage des idées et
des actes; si l'on n'eût enfin établi les batteries de brèche et dressé
les échelles d'assaut contre tout pouvoir resté debout. La Liberté
que nous avions était bien peu de chose, car ce n'était encore
que de la *Liberté politique*; c'était une raison de plus pour que
ses amis ne la missent pas sur le dos par leurs folies. N'est ce
pas là l'histoire de l'image populaire collée aux murs des caba-
rets, qui porte cette légende : *Crédit est mort; les mauvais
payeurs l'ont tué.*

Ceci est-il conforme aux faits, oui ou non? N'est-il pas vrai
que les tendances de l'opinion qui étaient toutes à la Liberté il
y a cinq ans, ont opéré un changement de front; que les esprits
préoccupés alors des intérêts de la Liberté, se sont préoccupés
plus tard du danger de ses écarts? Vos irrévérences envers
l'Ordre ont donc été bien fatales à la Liberté, puisqu'elles ont
créé dans des esprits prédisposés à l'aimer, la réaction qui s'est
opérée si rapidement pendant ces cinq ans, et qui vient de se
concréter dans les lois votées en un temps de galop à la fin de
la session dernière. Ces lois-là sont le fruit de vos sottises, c'est
vous qui les avez engendrées dans l'opinion, — et le gouvernement n'a pas même eu besoin de forceps pour opérer l'accouchement.

§ IV.

Du tort que les amis politiques de l'Ordre ont fait et font à la cause de l'Ordre.

Et maintenant, messieurs de l'Ordre public, à votre tour :
voyons comment vous avez travaillé aux intérêts de l'Ordre.
D'abord vous en parlez trop, beaucoup trop; regardez :—chaque

jour il se passe d'assez laides choses dans la machine administra-
tive et gouvernementale (cela ne peut pas être autrement, car
j'entends parler ici de la machine tout entière, depuis le sergent
de ville jusqu'au ministre); or, les ministres, les sergens de ville
et les fonctionnaires intermédiaires ne sont pas des anges, con-
venons-en; d'ailleurs, fussent-ils parfaits, ils seraient forcés
encore, par la nature des circonstances, de faire chaque jour
des sottises et des immoralités, ne fût-ce que pour empêcher des
sottises et des immoralités plus grandes. Les choses sont ainsi:
je constate le fait: il y a de nombreux abus que vous pouvez
appeler comme il vous plaira.

Or, les organes du parti de l'Ordre s'arrangent toujours pour
tout légitimer au nom de l'Ordre. Les injustices les plus crian-
tes, les actes les plus arbitraires, ils en font l'éloge au nom de
l'Ordre. Ils encouragent toutes les lâchetés qui les servent, ils
achètent tout ce qui veut se vendre, corrompent tout ce qui peut
se corrompre, dénigrent et insultent tout sentiment honnête
qui se révolte contre la perversité des moyens qu'ils emploient,
et cela encore, — au nom de l'Ordre. Ils prêchent l'égoïsme avec
une effronterie extrême; tout sentiment quelque peu chaud,
toute sympathie ardente et jeune pour les souffrances des masses
qui labourent pour eux, sèment le grain pour eux, battent le
grain pour eux, donnent pour eux le sang de leurs fils et la
jeunesse de leurs filles, tout cela leur est suspect et les épou-
vante. Ils sont toujours prêts à envoyer un sergent de ville à un
noble sentiment.

Que les classes dénuées n'aient ni pain, ni travail, cela ne les
touche que sous le rapport du désordre qui peut en résulter;
encore sont-ils si misérables d'esprit, qu'ils ne s'occupent du
désordre que lorsqu'il a éclaté.

Si les pauvres gens du peuple sont dévorés par la misère, cela
ne les inquiète guère, pourvu qu'on meure de faim chez soi sans
bruit. Un homme qui a faim, quand il n'est pas seul à avoir
faim, n'est plus pour eux un frère, mais un ennemi. — On sent
bien que nous caractérisons ici la couleur du Parti, car il y a
dans les rangs, sans doute, bien des hommes qui, pris indivi-
duellement, sont bons et charitables. Ce que nous attaquons
ce ne sont pas les hommes, c'est l'esprit de ces Partis qui
donne aux hommes, dans l'occasion, tantôt la sécheresse de

cœur du mauvais riche, tantôt la brutalité du Jacobin : nous en voulons à la Politique et non à ses victimes.

Au reste, si vous trouvez les expressions un peu fortes, vous êtes bien libre de les adoucir ; mais reconnaissez que le manque de générosité du Parti qui fait de l'Ordre, jette dans le Parti du désordre une foule de cœurs jeunes et généreux, que des sentimens dont la source est noble, conduisent aux résultats les plus déplorables ; reconnaissez que l'aigreur de ce Parti, ses vertus de comédie, sa morale de résignation prêchée aux affamés par des gens bien nourris ; ses absurdes apologies systématiques, égales pour tout acte bon ou odieux qui lui est utile, ses calomnies déversées avec un *fiel dévot* sur tous les sentimens de tous ses adversaires ; ses flasques déclamations d'Ordre public sous lesquelles on sent trop souvent la main qui paie ; ses mauvaises intentions contre des principes et des libertés que ses hommes invoquaient si âprement alors qu'ils en avaient besoin pour eux-mêmes ; ses retours de circonstance, aussi immoraux que ridicules, à des principes politiques et religieux à la face desquels ils crachaient naguère ; reconnaissez que tout ce cortége d'égoïsme et de mauvaises passions qu'ils ont fait à leurs théories d'Ordre, en compromet singulièrement la cause.

§ V.

De ce qu'auraient dû faire les partisans de l'Ordre, pour attacher à l'Ordre ceux de la Liberté ; et comment ils ont fait tout le contraire.

Croit-on que si le Parti de l'Ordre n'eût pas rendu à la République fureur pour fureur, calomnie pour calomnie, pédans lieux communs de professeur pour lieux communs boursoufflés d'écoliers ; s'il eût toujours parlé raison dans le langage de la raison, qui n'exclut certes pas la vigueur ; s'il eût bien fait sentir les flatuosités des théories de ses adversaires ; s'il eût manifesté des sympathies franches et de bon aloi pour les classes qui souffrent, et qu'il se fût placé lui-même en tête, —lui qui avait le pouvoir—. dans la carrière immense des améliorations, croit-on que cette conduite n'eût pas concilié à l'Ordre tout ce qu'il y a d'hommes de bonne volonté et de sentimens purs dans les partis de l'Opposition et de la République ?

5

Mais non; ce parti n'a aimé que les mesures étroites et exclusives : aux attaques brutales, il n'a su répondre que par les Résistances de la force brutale. Au lieu de songer à rallier et satisfaire
les intérêts en souffrance, il n'a rien su invoquer que des mesures de compression contre les manifestations subversives de cette
souffrance.

Certes, on ne vous dit pas, comme certains Jean-Jean philan-
tropes du Parti contraire, que quand l'émeute gronde dans la
rue il ne faut pas aller à elle avec le canon : on vous dit qu'il
faut aller *avant l'émeute*, aux causes génératrices de l'émeute, et
prévenir l'explosion en appliquant le remède à ces causes, ou au
moins en manifestant sincèrement le désir de le trouver et de
l'appliquer, en dirigeant de ce côté la généreuse activité des
jeunes et fortes intelligences. Mais non encore ; ils croient avoir
tout fait quand ils ont tué ou dispersé l'émeute, et qu'ils peuvent
écrire dans leurs journaux leur féroce devise d'Ordre : *force est
restée à la loi*, et rien de plus.

Oui sans doute, il faut que force reste à la loi quand on attaque
la loi à main armée; mais, nous le répéterons dix mille fois s'il est
nécessaire, il faut s'occuper aussi à calmer les douleurs qui disposent des malheureux à se laisser entraîner à l'attaque à main
armée. C'est de cette façon qu'on légitime la Résistance à la révolte, qu'on se dispense même d'avoir recours à la force pour
maintenir l'ordre.

Voyez donc un peu les erremens de ce Parti : après des luttes
courageuses de part et d'autre, sans contestation, l'émeute était
partout vaincue et dispersée; la République était coulée, fon-
due, bafouée par les uns, exécrée par les autres; l'élément révolutionnaire succombait, non pas tant sous les coups de ses ennemis que sous ceux de ses propres folies; la surexcitation
dévergondée de ses journaux n'était parvenue qu'à conduire ses
hommes de cœur, ses nobles caractères énergiques et dévoués, à
la misérable mort de la rue, ou à en encombrer les prisons. Leurs
grands préparatifs n'avaient abouti qu'à rassembler leurs rhéteurs
de tous les points de la France en un grand sanhédrin pour venir manifester, en une occasion solennelle, la vanité et la dissi-
dence intestine des hommes et des idées, leur impuissance absolue, leur nullité politique parfaite, traduites au dehors par de
grossières injures personnelles adressées à des juges qui pou-

vaient traiter les accusés en juges, et qui les traitaient avec bonté, et par des amplifications à l'antique, d'un genre qui ferait rire aujourd'hui les écoliers de rhétorique d'un collège communal.

La République en était arrivée à ce point que toutes ses forces (on avait fait appel au ban, à l'arrière-ban, et à tout ce que l'on avait pu trouver par derrière l'arrière-ban), que toutes ses forces réunies et concentrées dans l'acte le plus imposant en lui-même qui se pût concevoir, n'avaient pas pu lutter d'intérêt, un jour seulement, contre un procès fait à un mauvais sujet....

Eh bien! c'est alors que cette pauvre République n'était plus qu'un fardeau bien lourd sur les épaules de ses amis, et que la majorité soupirait du désir de s'en débarrasser; c'est alors que ceux de l'Ordre, profitant d'un crime qui produisit au grand jour l'horreur de la France pour les Partis factieux, se mirent en devoir de nous escamoter à tous des libertés qui étaient notre propriété, et pour la conquête desquelles ils marchaient eux-mêmes en tête de colonne il y a cinq ans!

§ VI.

D'une définition d'un caractère de l'*intelligence gouvernementale*, prouvant que notre gouvernement en a un peu, mais qu'il n'en a pas beaucoup.

Comment! vous n'avez pas compris, vous qui vous étiez mis courageusement en travers du mouvement révolutionnaire, et qui aviez ainsi donné des garanties au principe de l'Ordre politique, vous n'avez pas compris qu'il était aussi de votre tâche, de votre devoir et de l'intérêt même de votre principe, de vous poser modérateurs du flot inintelligent et colère de la réaction bourgeoise contre la Liberté politique! Vous n'avez pas senti ce que vous aurait donné de solidité, de puissance, de vraie valeur gouvernementale, un acte qui eût révélé en vous l'existence de l'intelligence supérieure dominant tous les excès, de cette intelligence calme qui plane sur les choses et les régit de haut, qui commande à tous le respect, qui assure l'action des lois, qui est enfin le seul signe et le seul caractère acceptables aujourd'hui pour signes et caractères de LÉGITIMITÉ d'un pouvoir, l'indispensable condition de durée pour un gouvernement? — On gouverne bien , non pas quand on sait comprimer les activités hostiles, mais quand on sait s'emparer de toute l'activité et *la diriger sur un but utile à la Nation et à la Société.*

§ VII.

Qu'il est bon d'avoir pour soi des Lois et la Providence; mais que cela n'est pas encore tout.

Pour ceci, nous ne vous dirons pas , comme les autres, que vous êtes des misérables , des infâmes , des criminels; nous vous dirons simplement que vous êtes des idiots. Vous avez bien avancé vos affaires avec vos lois ! Dirait-on pas que tout va marcher parfaitement désormais, parce que l'on a ajouté à nos quarante mille textes de lois absurdes et contradictoires, quelques textes nouveaux qui, au mépris des premiers principes du libéralisme dont *ils* ont été les professeurs, donnent au pouvoir une complète omnipotence sur certaines libertés dès lors parfaitement détruites *en puissance* ? Voyez quel avantage d'avoir restauré dans une loi votée de frayeur par des gens honnêtes et peureux , et pas très forts en général, le principe du bon plaisir ! C'était bien la peine de renverser l'infaillibilité du roi de l'ancienne monarchie, et celle de notre Saint-Père le Pape, pour la remplacer par celle du ministre de l'intérieur ou du préfet de police ! — Ah ! vous avez des lois , n'est-ce pas ? vous êtes forts maintenant ? — Des lois ? mais citez-nous donc un gouvernement qui ait succombé faute de lois pour sa défense? Vous êtes assez niais comme cela , avec vos lois.

Mettez toutes vos lois dans un coin, et l'esprit public avec vous, cela vaudra mieux pour la stabilité des choses et la vôtre, que de tourner contre vous l'esprit public en enlevant, par surprise, des lois dont le principe est réprouvé, au fond, par cet esprit public qui finira par vous jouer le tour d'éclater entre vos mains, comme toute arme que l'on charge trop.

Quelle orgie d'ordre, bon Dieu ! et après coup, encore, quand on n'en a plus besoin. — C'est toujours comme cela , au reste , c'est toujours après dîner, quand on est repu, que l'orgie commence..... La République avait rendu l'âme, comme nous le disions , sous le poids de sa propre nullité ridicule et à grosse voix. La France s'unissait dans un grand cri de *vive le roi* ! ce cri était une révélation politique d'autant plus sûre et plus puissante, qu'elle racinait, non pas tant dans un sentiment d'affection qui peut être éventé le lendemain, que dans le sentiment du danger personnel que chacun avait couru avec la France par le danger du roi ; on s'était vu séparé, de trois secondes, d'un abîme difficile à sonder, d'un avenir effrayant. Ce Fieschi avait réellement soudé le roi à la France ; il avait bien autrement fait pour lui, d'un coup, que le ministère n'avait pu faire en cinq ans ; il s'était chargé, ce Fieschi, par un procédé nouveau, de SACRER le roi des Français.

Certainement, si nous autres qui croyons en Dieu nous voulions employer ici le langage des Sauteurs et Équilibristes de la Politique, qui n'y croient pas, nous pourrions bien, comme eux, faire intervenir aussi la Providence dans la phrase, et dire que c'était elle qui avait mitonné l'attentat Fieschi : c'était pour faire signer aux partis usés et las un traité de paix sur vingt cadavres, déterminer la fusion, et engrener enfin le mouvement des améliorations positives et des discussions intelligentes, à la place des oiseuses et sanglantes querelles de la Politique.

Quoi qu'il en soit, si, — comme l'a pensé le *Journal des Débats,* — la Providence a été pour quelque chose dans cette malheureuse affaire, elle a bien perdu son temps et sa poudre. Si elle avait décidé de tuer vingt personnes aussi misérablement, il fallait au moins qu'elle élargît un peu le cerveau de certaines gens pour les prédisposer à entrer dans la voie si belle qu'elle leur offrait ; mieux valait n'assassiner personne que de laisser l'exploitation de la catastrophe à des gens assez peu habiles pour ne savoir être, en pareils cas et conjectures, que des roués ou des dupes....

§ III.

De plusieurs choses justes en elles-mêmes, mais ne valant pas un cantique d'actions de grâces qui serait composé à l'honneur des restaurateurs des bonnes doctrines et des bonnes lettres ; — et pourquoi.

En vérité, on n'a jamais vu une réaction plus ridicule, et d'une effronterie plus simple et plus niaise que celle-ci. Le Parti libéral chantant la messe !!! — Ils auraient certainement mis le roi au lutrin, et les princes à porter les burettes, si le roi et ses fils n'eussent pas eu bien plus d'esprit qu'il n'en fallait pour ne se pas prêter à de pareilles charges.

Ce n'est pas que nous attachions grande importance, *en soi*, à ces lois et à ces facéties; chez nous, jamais une bonne idée ne sera arrêtée par une loi; je fais peut-être bien un peu le flatteur ici, dans mon tour de phrase, pour me ménager la bienveillance du lecteur français; pourtant, véritablement, il y a, chez nous, une heureuse impossibilité de retour aux idées anciennes que ces messieurs font sérieusement la charge de saluer, espérant que la canaille imitera (*il faut bien une religion pour le peuple!*), et, en imitant, prendra la chose au vrai sérieux.

Allez, continuez! allumez des cierges pour les processions, faites-vous piliers de sacristie, chantez vêpres et complies en faux bourdon, brûlez Voltaire, Dupuy, Volney, Diderot, tous les bréviaires de votre jeunesse à vous, que vous ne lisez plus parce que vous les savez par cœur, et que la génération actuelle des colléges ne prenait seulement pas la peine de lire, par la bonne raison qu'elle n'a pas plus envie et besoin de réfutations du christianisme, que de réfutations du mahométisme ou du paganisme.

Continuez donc votre sainte tâche, messieurs; courage! relevez-nous la morale et la vertu, relevez-nous la religion, — *cette fille du ciel*, comme disent vos petits sujets qui nous parfilent leur littérature aigre-douce dans les Revues et les romans musqués de la dernière année; fille du ciel que vous avez éventrée à grands coups de pied, et qui, entre nous, est bien malade, si elle n'est pas morte, comme aucuns le croient. Relevez-nous les bannières des paroisses qui traînaient dans les sacristies. *Ne faut-il pas une religion pour le peuple?* «Que devien-»drions-nous si la canaille ne croyait à rien? Ah! la résignation »est une bonne chose? Oui, ma foi, la résignation... c'est bon, »cela! — Nous autres qui sommes *éclairés*, — et bien nourris, » nous en prendrons ce que nous voudrons. Et puis la société »n'a-t-elle pas besoin de croyances? Voyez comme elle s'agite et »se tourmente, comme elle a soif de convictions et de foi! Ce »pauvre peuple qui travaille tant, qui souffre tant, rendons-lui »ses Saints de bois, ses touchantes Madones, rouvrons-lui les

» portes de nos temples. En conscience, nous nous devons de lui
» faire au moins un oreiller de résignation et de douces vertus
» chrétiennes: il souffrira moins, ce pauvre Peuple! La fortune
» nous a mieux partagés que lui, ici-bas : nous avons, hélas!
» tous les biens de ce monde périssable; ah! laissons-lui amasser
» les trésors infinis de l'autre.

» D'ailleurs les classes élevées sont unanimes pour compren-
» dre qu'il convient d'agir ainsi. Nos amis les bourgeois, il est
» vrai, n'aiment pas les prêtres, ils sont fous de Voltaire; nos
» diables d'épiciers surtout se complaisent encore à parler tout
» haut irrévérencieusement des choses saintes; ils sont esprits-
» forts comme des encyclopédistes; mais ils sont amis de l'Or-
» dre, au fond, et bonnes gens; ils ont confiance en nous, et
» nous n'aurons pas grand'peine sans doute à les *retourner*. On
» leur fera comprendre qu'il n'est plus de bon goût de dire du
» mal des Saints et de s'égayer sur l'enfer.

» Ensuite, la littérature qui avait pris un mauvais pli ces
» dernières années, qui se complaisait à une critique des choses
» sociales vraiment dévergondée et byronienne, qui sapait *les*
» *bases* d'une manière effrayante, et mettait les plaies à nu (elle
» exagérait sans doute, car enfin tout n'est pas si mal), eh bien!
» elle s'amende; la voilà qui commence à rentrer dans les bonnes
» doctrines maintenant; elle se range, et cela grâce au zèle ar-
» dent d'une quinzaine de petits jeunes gens, qui ont, par Dieu!
» du mérite, et qui ne mènent pas trop mal la réaction catholique,
» — soit en vers, soit en prose. Qui les aurait cru capables de cela,
» les petits coquins, avec leurs gants blancs, leurs petites orgies
» pudiquement closes, leurs danseuses, leurs...? Allons! allons!
» il ne faut pas être trop sévère, et l'on doit bien leur passer
» quelque chose en considération des bons principes qu'ils sèment
» dans la littérature. — Il faut dire aussi que cette pauvre litté-
» rature névralgique n'en pouvait plus, et que son épuisement
» naturel a bien aidé un peu nos jeunes amis dans leur sainte croi-
» sade contre ce dix-huitième siècle qui ne se doutait guère à qui
» il aurait affaire un jour : c'est qu'ils traitent vraiment Voltaire
» par dessous cuisse!... Voilà! quand on est dans la bonne voie,
» Dieu fait des miracles; ce n'est pas la première fois qu'il se sert
» des faibles pour renverser les forts. David est bien venu à bout
» du géant Goliath.

» Et puis, quoi qu'il en soit des causes, il y a progrès, voilà
» l'important; l'ordre social que nous avons un peu remué se
» tasse et se rassied; nous ne sommes pas trop mal en haut,
» c'est la place que nous méritions. Sans doute les couches de
» dessus pèsent un peu sur celles de dessous, mais qu'y faire?
» C'est un effet de la pesanteur universelle qui est une loi de la
» nature... Il y a progrès. »

§ IX.

Qu'on a bien raison quand on s'est trompé d'en convenir; et des difficultés
que l'on rencontre souvent pour les meilleures choses.

Certainement il y a du bon dans ces discours, mais il y a aussi
des choses à y reprendre.

D'abord on pourrait faire remarquer à ces messieurs que ce
qu'ils disent sur l'Ordre, sur les nécessités politiques de la morale et de la religion, c'était précisément ce que leur disaient
ceux qui les ont précédés à la possession du pouvoir. C'est exactement le même langage (à quelques formes près, mais le fond
était le même), que leur adressaient ceux contre lesquels se sont
faites nos révolutions. Si tout cela est très vrai aujourd'hui, il faut
convenir que c'était aussi un peu vrai alors, à moins d'admettre
que telle chose, fausse dans une bouche, devient vraie dans une
autre, — ce qui serait matière à contestation.

On dira que l'on peut s'être trompé, et qu'il est toujours bien
de revenir d'une erreur quand on la reconnaît. Nous souscri-
vons d'autant mieux à ce principe, que c'est, le plus souvent,
le malheur qui éclaire les hommes, tandis qu'ici c'est dans la
prospérité que les yeux de ces messieurs se sont ouverts, ce qui
est une véritable preuve de supériorité sur les hommes ordinaires. Aussi nous garderons-nous de tomber dans les anciennes
erreurs de leur Parti, et de traiter les Seigneurs actuels comme
ils traitaient, — lorsque leurs yeux n'étaient pas encore ouverts, — les Seigneurs et les petits abbés de l'ancien régime.
Nous laisserons cela aux méchans.

Mais, tout en reconnaissant la pureté des intentions et la
bonté intrinsèque des maximes, nous nous bornerons à un petit
raisonnement du genre que l'on appelle, je crois, *ad hominem;*
nous dirons :

Ces moyens, ces principes, qui sont vrais et bons, et que vous êtes en devoir de restaurer, parce que vous reconnaissez maintenant leur valeur, — c'est bel et bien ; mais si vous les avez méconnus jadis, si vous les avez attaqués — et vivement, vous qui êtes des hommes supérieurs, comme nous en sommes convenus, — comment pouvez-vous croire que ceux à qui vous les adressez maintenant pourront, eux qui sont de simples hommes ordinaires, les comprendre et les accepter ? — voilà la difficulté de votre affaire.

« Mais ,» direz-vous, « ils comprendront qu'ils auraient à souffrir eux-mêmes des révolutions ; nous le leur dirons.»—Eh! les autres vous le disaient aussi, et ceux-ci ne vous comprendront pas mieux que vous ne compreniez les autres. »—« Mais nous leur ferons entendre que c'est nous qui les faisons vivre, puisqu'enfin c'est nous qui consommons une grande partie de ce qu'ils produisent, de telle sorte que leurs intérêts sont intimement liés aux nôtres.»—« Ta ta ta ta ! allez-y voir ! Faites donc entendre cela à des enragés capables de se persuader que s'ils vous chassaient de France, ils pourraient, en travaillant pour leur propre compte, gagner plus, pour eux, que quand ils travaillent pour vous. — C'est un raisonnement captieux qu'on ne manquera pas de leur suggérer, et qu'ils commencent à se faire déjà ; et ce raisonnement, tout mauvais qu'il est, pourrait vous donner encore bien de la besogne. »

Remarquez ensuite que vos antécédens, sur lesquels nous sommes convenus que nous ne chicanerions pas, nous autres, puisque c'était une affaire d'erreur, — augmentent encore pour vous l'embarras de la position ; car tout le monde n'est pas d'aussi bonne composition que nous. Ceux que vous remplacez aujourd'hui avaient au moins l'avantage d'être conséquens ; ils n'étaient pas, comme vous, embarrassés de ce malheureux passé révolutionnaire, qui s'accroche à vous, quoi que vous puissiez faire pour vous en débarrasser ; car, voyez-vous, ce passé-là est un peu comme dans *Barbe-bleue* la petite clef *qui était fée.* « Quand ou lavait la tache de sang d'un côté, vite le sang reparaissait de l'autre.... »

Après cela, si nous vous parlons ainsi, nous autres, c'est dans votre propre intérêt, et pour vous engager à ne pas vous laisser aveugler par une trop grande confiance en la bonté de votre cause. L'excès de confiance a fait perdre bien des causes. Est-c que la cour de Louis XVI ne continuait pas à danser, encore qu déjà la Bastille était prise?

Ecoutez, voici le fond de la chose en deux mots : ceux qu souffrent ne sont pas contens, et ceux qui ne sont pas conter sont toujours plus ou moins prêts à chercher querelle à ceux qu sont à leur aise, — surtout quand on leur a bien prêché l'éga lité philosophique de tous les individus de l'espèce, et qu'on a l maladresse de leur mettre partout des maîtres d'école pour leu apprendre à lire.

« Bah! » direz-vous, « vous êtes des jeunes gens, vous qui vou mêlez de nous donner des leçons sur ce qu'il convient de faire. — « Eh bien! le malheur? (d'abord il y a déjà bien des vieux qu pensent comme nous), et puis, après tout, si nous avons su vous l'avantage d'être jeunes, ce n'est pas un motif suffisan pour rejeter les choses raisonnables que nous pouvons vous dire.

Voilà que nous avons démontré dans ce dernier chapitre , *que l'action de chaque Parti est toujours très dommageable à la cause qu'il a embrassée;* nous nous sommes contentés, pour établir ce résultat, de laisser parler les faits contre lesquels il n'y a rien à dire. C'est le chapitre des *Erreurs pratiques* de la Po-litique.

Dans le chapitre précédent, nous avions fait voir que la source de l'erreur réside dans ce que la conception trop étroite de cha-que Parti *n'embrasse pas les intérêts spécialement représentés par les autres.* C'était le chapitre des *Erreurs théoriques* parfai-tement corrélatives aux erreurs pratiques que nous venons de signaler et qui devaient nécessairement découler des premières, d'après le théorème établi régulièrement au § VIII, pag. 15.

Après avoir ainsi montré ce qui manque dans chaque Parti politique, examinons un peu ce qu'ils croient tous avoir, afin d'en apprécier la valeur. C'est justice, maintenant, de procéder à l'inventaire de leurs richesses.

CHAPITRE III.

À QUOI SE RÉDUISENT LES PRINCIPES DE LA FAUSSE POLITIQUE.

§ I.

Que les partis sont *in petto* bien plus d'accord qu'ils ne le pensent.

Somme toute, — dirons-nous à ceux à qui nous avons parlé en dernier lieu, — vous voulez l'Ordre; et nous avons vu que, en cela, vous aviez raison, autant raison que vos adversaires en voulant la Liberté. Vous voulez qu'on ne brise pas vos droits acquis, qu'on ne dérange pas vos positions, qu'on ne nuise pas à vos intérêts; et vous avez raison, autant raison que vos adversaires, quand ils veulent que la société accueille, fasse entrer, aide et protège les intérêts nouveaux qui n'ont pas encore leur place au soleil. Vous dites que la société a besoin de croyance, que l'homme a besoin de sentiment religieux; et vous avez bien raison encore, puisque, dans tous les temps et dans tous les lieux, l'homme *a aimé* à développer chez lui ce sentiment, puis même que ce sentiment a son organe dans l'homme comme toute autre faculté de l'homme, et qu'il lui est aussi nécessaire, dans la haute sphère de sa nature, d'avoir une foi religieuse, que dans la sphère physiologique il lui est nécessaire d'avoir de la nourriture à manger, et dans la sphère affective, des êtres à aimer.

Au fond, nous sommes tous d'accord sur le but; nous voulons tous le bonheur de tout le monde; puisque chacun de nous fait partie de tout le monde, et que le bonheur de chacun de nous ne peut exister qu'à la condition du bonheur des autres, attendu d'abord que l'on n'est pas bien heureux quand on est heureux tout seul, et attendu ensuite que si l'on était heureux tout seul, les autres qui ne le seraient pas, ne nous laisseraient pas long-temps l'être. Nous sommes tous, d'ailleurs, si bien d'accord sur ce but, que vous entendez chaque jour des libé-

raux du Milieu vous dire, d'une part, — qu'au fond ils sont vé
ritablement républicains ; que si la République était possible, i
seraient les premiers à la vouloir, entendant par là qu'ils soi
les amis de toutes les bonnes choses que les républicains croie
renfermées dans le nom République (*res publica*), comme dar
la corne d'abondance ; et, d'autre part, — les républicains voi
assurent que ce qu'ils veulent c'est le bonheur de l'humanité,
par conséquent, implicitement, de leurs adversaires, qui sont un
partie de l'humanité, — j'ose le dire.

Puis donc que vous êtes d'accord sur le but, et qu'il s'agi
seulement de découvrir les moyens de l'atteindre, pourquoi e
restez-vous de part et d'autre à vos anciens erremens dans les
quels la logique et l'expérience prouvent que vous ne pouvez e
pourrez jamais parvenir à vous entendre ? Etes-vous donc s
amoureux de recevoir des coups les uns des autres ? Au fon
vous vous entendez, vous avez les mêmes intentions ; mai.
voilà qu'au lieu de prendre entre vous pour point de ralliemen
le but commun *de la satisfaction de tous les intérêts*, vou
vous disputez sur des quantités de questions si peu claires, s
embrouillées et si piteusement posées, que vous n'y comprene
plus absolument rien ni les uns ni les autres, comme en tout
discussion mal engrenée ; et vous y comprenez si peu, qu'or
vous a montré, clair comme le jour, que, en théorie aussi bien
qu'en pratique, chacun de vos Partis est personnellement celu
qui compromet le plus la cause de la chose dont il a pris le nom
pour devise ! Je vous demande si cela n'est pas bien caractéris-
tique ? En jouant la vérité *à pile ou face* on peut encore la ren
contrer la moitié des coups : mais vous, ce n'est pas cela ; vous
avez RÉGULARISÉ l'erreur.

§ II.

De la manière dont se fait l'instruction politique d'un jeune Français, et
d'un ridicule que commence à se donner la génération nouvelle aux
yeux de l'ancienne, qui a bien plus d'esprit qu'il ne semble.

L'erreur amène la lutte ; la lutte, le triomphe ; le triomphe,
l'excès ; l'excès, la révolte, etc., en tournant. Qu'y gagnez-vous ?
— des horions ; puis vous transmettez vos traditions à la génération suivante. Quand vos enfans sortent du collége, — et

même avant, — ils mettent le nez dans cette Politique, à laquelle vous ne voyez déjà rien du tout, comme nous le disions tout à l'heure ; ils se lancent avec l'ardeur de leur âge dans ces disputes qu'ils prennent pour quelque chose, à cause du bruit qu'elles font et du monde qu'elles occupent. A dix-sept ans ils ont une opinion et une canne, comme il convient à des grands garçons ; puis ils la conservent ou la changent, — je parle de l'opinion, — suivant les combinaisons de leurs caractères plus ou moins chauds, plus ou moins froids, de leurs intérêts et des choses ; et les voilà tout aussi avancés, tout aussi grands politiques et tout aussi capables de dire et de faire beaucoup de sottises, que leurs pères. — C'est par ce procédé que la guerre perpétue la guerre.

Après cela, nous autres de la génération que voici, avons-nous réellement tort de vous dire que le jeu dure depuis bien long-temps, et que c'est assez ? Les modes varient avec les temps. Vous avez eu la manie de vous disputer, de vous battre, de vous tuer ; nous avons, nous, la manie de vouloir nous accorder. — Sans doute vous devez trouver cela fort amusant et fort ridicule. Cette génération présomptueuse, qui ne veut pas suivre vos traces, et qui veut mettre tous les intérêts d'accord, — comme si c'était possible !...—Eh bien ! oui, là, elle aime mieux cela. Elle parait décidée à présenter sa voile au vent des améliorations sociales, et à laisser là vos vieux canons et vos rouillardes politiques. Qu'y voulez-vous faire ? toutes choses passent, même les meilleures.

C'est que c'est vrai, au moins, que ces gens-là qui ont occupé leur vie à quereller et à batailler, nous trouvent bien ridicules, nous qui dirigeons notre intelligence sur l'étude des moyens qui peuvent amener la convergence des intérêts aujourd'hui opposés ! Nous leur semblons de drôles de rêveurs, avec nos utopies de bonheur, d'accord, d'harmonie, de travail, à eux qui sont convaincus en âme et conscience que le bon Dieu a mis les hommes sur une terre propice et féconde, tout exprès pour qu'ils la ravageassent, et qu'ils s'entre-disputassent, s'entre-volassent, s'entre-pillassent, s'entre-tuassent, etc........ indéfiniment.

C'est si bien pour eux un principe arrêté, un axiome, que si vous parlez devant eux comme croyant à la possibilité du

bonheur et de l'accord universels, ils pensent que vous êtes fou'
même quand ils n'en disent rien par politesse. Or, comment.
je vous prie, voudriez-vous qu'ils eussent trouvé les moyen.
d'une chose qu'ils regardent *à priori* comme impossible ? Est-ce
une disposition d'esprit qui peut conduire à la découverte de
moyens d'accord, que celle qui fait dire par les gens soi-disan
raisonnables qui ne s'en occupent pas, aux gens prétendus in
sensés qui s'en occupent, « vous feriez bien mieux de penser :
vous et à vos affaires que de poursuivre des chimères pour l.
compte du genre humain ? » — Sur les choses générale s, on vou:
passera tant que vous voudrez une opinion, c'est-à-dire un ba
vardage, un système de déclamation contre ceux-ci ou contre
ceux-là ; mais prenez garde à vous si vous avez ou si vous ête:
en disposition de chercher un plan pour coordonner et systéma.
tiser ce qui est divergent dans ces choses....

§ III.

Que dans la Politique comme dans les amusettes, on n'en finit pas toujour:
quand on s'embrasse pour que cela finisse.

Ainsi, suivant nous et malgré le ridicule qui pourrait s'attacher à notre opinion, au lieu de continuer les vaines et funestes querelles, il faudrait songer à s'accorder. Bien d'autres,
sans doute, ont déjà dit de même ; mais le malheur a voulu
qu'ils n'avaient jamais eu d'autre manière de finir leurs exhortations philosophiques ou évangéliques, que par la recomman-
dation renfermée dans la touchante formule : *Embrassons-nous*
et que tout cela finisse....

Embrassons-nous, je le veux bien, cela ne nuira pas; mais
ce n'est pas tout de s'embrasser, cela prouve seulement que l'on
a envie de se mettre d'accord, cela ne prouve pas encore qu'on
saura s'arranger pour s'y mettre. — C'est une chose très fâcheuse que les meilleurs cœurs du monde fassent toujours la
faute de prendre leurs intentions, leurs vœux, leurs bons
désirs, pour des *moyens*. C'est ce qui fait que depuis long-
temps on croit avoir tout dit quand on a prêché aux hommes la
charité, l'amour de la paix, la philantropie, la vertu, etc.; en
un mot, quand on leur a dit, soit dans une chaire de prêtre, soit

dans une élucubration de moraliste : vous êtes frères, vous devez vous aimer les uns les autres, le ciel le veut, la morale le veut ; enfin tout ce qui a déjà fourni en sermons, prédications, exhortations, de quoi couvrir la terre de feuilles de papier imprimé, et qui, au fond, se réduit toujours à la simple formule : *Embrassons-nous*, etc.

C'est vrai, que si l'on mettait les unes à côté des autres les feuilles de papier contenant tout ce qui a été dit ou écrit de morale chrétienne ou philosophique, non pas dans tout le monde, mais seulement dans notre petit coin européen, et même sans remonter au-delà de dix-huit cents ans, cette morale imprimée couvrirait le monde entier, qui est bien grand, puisqu'il a neuf mille lieues de circonférence. Eh bien ! à quoi cela a-t-il mené ? à rien du tout. Nous ne nous accordons et ne nous aimons pas plus qu'il y a deux mille ans. Nous sommes plus ou moins grossiers, plus ou moins polis, suivant les époques et les circonstances ; mais l'écorce seule change, et nos vices prennent bien des formes, des couleurs, des tons variés à l'infini, et ne diminuent guère. Toute cette morale-là a seulement ouvert la digue à un débordement de ruse, de fausseté et d'hypocrisie, que les époques plus franches et moins gonflées de morale divine ou humaine, sont loin de voir se répandre aussi largement. Quant aux caractères qui ont pris la chose au sérieux, c'étaient, pour la plupart, des natures qui auraient pu s'en passer sans se moins mal conduire pour autant.

Voilà donc que jusqu'ici on ne s'est guère occupé qu'à :

Les uns, — défendre certains intérêts en attaquant les intérêts opposés ;

Les autres, — prêcher aux hommes qu'il leur faut sacrifier chacun leur intérêt (tout ou partie), à l'intérêt de leur prochain.

Or, il n'y avait pas grand'chose à tirer de ces deux méthodes, et effectivement ou n'en a rien tiré de bon, malgré les intentions souvent excellentes de ceux qui en ont été les apôtres.

§ IV.

Qu'il est méritoire d'avoir de bonnes intentions, mais qu'il faut encore quelque chose avec.

" Vous en êtes toujours sur vos intentions entre vous. Mais pour Dieu! qu'est-ce que les intentions font à l'affaire? Nous vous demandons ce que vous savez et proposez, vous répondez par la pureté de vos intentions. Nous vous demandons pourquoi vous attaquez les autres, vous répondez par la perversité de leurs intentions. Qu'est-cela veut dire? Est-ce avec des intentions que vous combinerez les intérêts hostiles, que vous rallierez les actions divergentes? Est-ce qu'une intention de faire le bien et un procédé pour faire le bien, sont la même chose?

Il y a là une confusion d'idées et de choses à laquelle on ne pourrait croire si on ne la voyait pas faire tous les jours par les gens les plus habiles. De nos jours, où tout se perfectionne, on a singulièrement perfectionné cette théorie-là; et, pour ne pas parler du fretin, nous avons vu une école philosophique composée d'hommes intelligens sans contredit, et pleins de toutes sortes de mérites, écrire, imprimer, suer beaucoup, pour nous dire qu'ils avaient une théorie et une doctrine; et après un grand travail d'accouchement, nous apprendre enfin que leur théorie, leur doctrine, c'est, — devinez?

LA CROYANCE *au progrès*, et même *au progrès continu!!!* (1)

En conscience, cela valait-il la peine de barbouiller tant de papier, de nous donner tant d'espérances, de dire tant de choses d'un air très grave et un peu prétentieux, si l'on veut nous permettre le mot propre, — pour finir par nous montrer cette souris? — Eh! bon Dieu! tous tant que nous sommes, nous ne demandons pas mieux que le progrès, c'est-à-dire l'accroissement des sources de la richesse, de l'ordre, de la liberté, du bonheur enfin; là-dessus nous nous entendons : mais ce que

(1) C'est la doctrine professée par la *Revue encyclopédique*, une des filles du *Saint-Simonisme*.

nous vous demandons, ce sont les *moyens* par lesquels on accomplira ces progrès. Est-ce que votre amour du progrès, vos bonnes intentions pour le progrès, votre adoration du *Dieu Progrès*, constituent, sont, réalisent, le progrès, ou seulement un seul progrès? Ah, ciel! que de niaiseries déjà on a dites avec ce mot de *progrès* depuis si peu de temps qu'il est à la mode!

L'autre jour, — je tiens ceci d'un témoin, — après une longue consultation, et de grands embarras, un médecin, qu'une bonne femme entretenait des douleurs de sa cuisse, lui dit enfin avec un air illuminé: « Je vois ce que c'est; j'ai votre affaire!... *C'est crural!* » — Quelle différence y a-t-il entre la bonne femme qui souffre de la cuisse, et son médecin qui dit que *c'est crural*, d'une part, — et de l'autre, la société qui a besoin de faire bien des *Progrès* pour ne plus souffrir, et les philosophes qui lui offrent *la doctrine du progrès*, CONSISTANT *à croire au progrès?* — En vérité, ce n'est pas plus ingénieux.

Une autre doctrine qui n'est pas plus ingénieuse encore, et qui revient exactement à la précédente, est celle qui consiste *à croire à l'avenir*: il y a des gens aujourd'hui qui passent leur temps à établir gravement *qu'ils croient à l'avenir*, que c'est là leur doctrine, et qu'on les couperait en morceaux plutôt que de les y faire renoncer (1); personne ne pense à les couper en morceaux à l'occasion d'une doctrine aussi innocente; ils peuvent se rassurer.

§ V.

Que beaucoup de gens fort honnêtes, qui ne savent souvent pas faire leurs petites affaires, pourraient bien ne pas mieux savoir faire celles du pays.

Il y en a d'autres qui croient que tout irait bien *s'il y avait au gouvernement des hommes moraux* (2). Mais, encore une fois,

---

(1) C'est la doctrine de M. *Lherminier*, professée dans ses cours, ses livres, et tout spécialement dans la *Revue des deux mondes*.

(2) C'est la doctrine de M. *Buchez*, dans l'*Européen;* du *Réformateur*, de la *Revue républicaine*, etc.

il ne s'agit pas d'hommes moraux, il s'agit d'un procédé pour arranger les affaires. Quand il sera trouvé et connu, laissez faire s'il est bon, c'est qu'il est capable de servir les intérêts de tout le monde, et dès lors, il faudra bien qu'il soit accepté.

Il faut aimer et honorer les honnêtes gens. Mais si demain vous aviez puissance de réunir, en assemblée politique, les quatre cents plus dévoués et plus honnêtes gens de toute la France, soyez certains que, dans les circonstances actuelles, ils auraient commencé déjà, dès après-demain, à dire et faire beaucoup de sottises.

Et si, pendant que ces quatre cents plus honnêtes gens du royaume seraient à dire et faire des discours et des choses quelconques, il arrivait qu'un chef de brigands ou de flibustiers, ayant avantage à maintenir la bonne harmonie entre les siens dans ses montagnes ou dans son île, découvrît l'art d'associer les intérêts, il faudrait bien se dépêcher de prendre et d'employer son procédé.

L'erreur que nous signalons est plus grave qu'on ne pense. C'est, en effet, parce que l'on prend les intentions pour des moyens que l'on ne va pas plus loin, et que tout en reste toujours au remplacement des hommes d'un Parti par les hommes d'un autre Parti. C'est une querelle dans laquelle on met en question la moralité respective des uns et des autres, et non pas leurs plans d'organisation (car ils n'en ont seulement pas des deux parts); or cela, outre les désavantages que nous avons déjà signalés, a encore celui de rendre la discussion interminable; car s'il est possible de discuter et juger un plan bien établi, comment voulez-vous que des adversaires politiques arrivent à s'entendre réciproquement sur leurs intentions? Et puis, enfin, que nous font les intentions de ces messieurs? — Est-ce là la question? — Supposons-les toutes bonnes, et qu'on n'en parle plus.

Ce sont les Républicains surtout qui sont particuliers avec leurs intentions; les autres qui sont au pouvoir sentent bien que les intentions ne suffisent pas; mais les Républicains ont avec cela réponse à tout. — « Vous ne vous entendez pas entre vous. » — « C'est vrai, mais nous avons de bonnes intentions. » — « Vous vous battriez entre vous si vous aviez une victoire. » — « C'est possible, mais ce serai ent les plus dévoués qui triompheraient. » — « Pas sûr ; et puis quel plan mettriez-vous à exécution, comment organiseriez-vous les intérêts de l'industrie, de la propriété, etc, etc,; enfin, votre système ? » — « Nous n'en avons point, mais nous sommes de braves patriotes, et tous les gens les plus dévoués seraient appelés à donner leur avis au gouvernement; et certes le gouvernement républicain les recevrait bien ! Un pouvoir électif et temporaire aurait des poignées de main ... » — « Connu.... » — Ce seraient les hommes dévoués qui feraient les lois....

Que voulez-vous tirer de choses pareilles ? — Je n'exagère pas, moi. C'est stupide,... Pardon : je ne voulais pas dire ce mot-là ; mais c'est, en vérité, ce que nous entendons tous les jours.

Mieux que cela ; ils nous disent, à nous qui avons un MOYEN : « Votre moyen est peut-être très bon, même nous sommes portés à le croire. Mais ce n'est pas ce dont il s'agit ; il faut renverser le gouvernement d'abord ; après cela le gouvernement républicain essayera tous les moyens qu'on lui présentera. » — « Et pourquoi voulez-vous que nous vous aidions à renverser le gouvernement ? » — « Parce que le gouvernement ne vous laissera pas faire ? » — « En vérité ! mais pourquoi voulez-vous que nous travaillions à renverser le gouvernement, sous prétexte qu'il ne nous laissera pas faire, quand il ne nous a rien empêché de faire, quand il ne sait seulement pas ce que nous voulons faire, et c'est bien là le grand malheur ! car s'il le savait, il serait le premier et le plus intéressé à le faire ? » — « Mais vous voulez vous associer, et le gouvernement est contraire aux associations. » — « Pardon, il y a ici quelque peu abus de langage. Le gouvernement est contraire aux associations politiques qui veulent le renverser, mais nous n'avons pas encore vu qu'il fût contraire aux associations domestiques, agricoles, manufacturières et commerciales, qui ont pour objet la création des richesses et de tous les moyens du bien-être physique et moral de l'homme, et c'est ceci qui est notre affaire. » — « Hé bien ! s'il ne s'est pas encore prononcé contre cela, il ne tardera pas, parce que ce serait une chose favorable au bonheur du peuple, au développement de son bien-être et de la liberté, et que les hommes du pouvoir ont juré haine au peuple et à la liberté. Ce sont des misérables qui......... » — « Assez ; — pardon si je vous interromps, nous connaissons le reste; — et il n'y a qu'une réponse à vous faire, c'est que notre moyen, qui donne la Liberté, donnant aussi l'Ordre, et favorisant autant les intérêts des propriétaires et des maîtres que ceux des prolétaires et des ouvriers, il n'y a pas de motif pour que les hommes du gouvernement n'en veuillent point; — au contraire. »

§ VI.

Où l'auteur se flatte de faire comprendre au Juste-Milieu que quand une machine va mal, c'est une preuve qu'elle ne va pas bien : — d'où il déduit la nécessité d'y changer quelque chose.

Quand on creuse la raison d'être des Partis avec quelque indépendance d'esprit, vous voyez ce que l'on y trouve; rien pour l'amélioration des choses, rien, absolument rien, pas ça... mais, en compensation, un déluge d'absurdités. — Combien de gens en France pourtant qui ne se doutent pas encore que c'est ainsi !

Ceux du Juste-Milieu ne sont pas pour les changemens. Ils vous diront volontiers que la société est bien comme cela, qu'elle ne peut pas être mieux, qu'il en faut prendre son parti. Le mal ne vient, ajoutent-ils, que des factions, des mauvaises passions, des intrigans, — de la paresse, de l'ambition, de l'immoralité, etc., etc. — Bon! j'entends : tout est bien, à l'exception de tout ce qui est mal; c'est là ce que vous voulez dire, et, au fond, c'est juste. Mais, Messieurs, admettez que votre société, *produisant ce dont vous vous plaignez*, il faut bien *y changer quelque chose*, pour faire disparaître ce dont vous ne voulez pas. Il est vraiment fâcheux d'être obligé de faire des raisonnemens aussi simples à des gens que les convenances ne permettent pas de traiter comme ils le méritent. C'est embarrassant; cependant il est bien vrai que si le désordre ou les tendances au désordre, — qui soulèvent tant la colère de ces messieurs, — existent dans notre combinaison sociale, c'est bien qu'il y a dans cette combinaison des élémens qui sont intéressés au désordre, ou qui, au moins, ne sont pas assez fortement intéressés à l'ordre. Je ne crois pas que jamais M. de Lapalisse, qui avait l'esprit très clair ait rien dit de plus évident que cela. — D'où il résulte que la *combinaison actuelle, qui n'intéresse pas tous les élémens au bon ordre*, ne vaut pas celle qui les y intéresserait tous, ou qui au moins en intéresserait un plus grand nombre : en conséquence de quoi on conclut, dans l'intérêt des amis de l'Ordre eux-mêmes, que de notables changemens sont à faire.

Quand on parle ainsi à des Juste-Milieu, il y en a beaucoup qui comprennent assez bien. Voici leur affaire : au fond, ils ne sont pas méchans, — un peu égoïstes, mais un égoïsme plus défensif qu'offensif; — ils ont horreur du mot innovation, non pas qu'ils soient ennemis du bonheur de ceux qui n'ont rien, eux qui ont quelque chose; mais parce que l'on n'a jamais jusqu'ici proposé de donner à ceux qui manquent, autrement qu'aux dépens de ceux qui possèdent ; de telle sorte que l'amour pour le pauvre s'est toujours traduit par la guerre contre le riche. Il est assez naturel que l'on soit peu porté à un changement consistant à être spolié et renversé de sa position, lors même que cela vous est demandé au profit de l'humanité.'— D'abord chacun de nous est à ses propres yeux la première personne comptant dans l'humanité. Il n'y a pas de raison pour commencer par un autre.

Cependant, messieurs du Juste-Milieu, faites attention qu'il n'y a rien de sensé ni même de spirituel à nier la nécessité d'opérer des changemens, par la raison qu'on ne vous en a présenté que de détestables. — Vous ne voyez donc pas qu'en vous déclarant ainsi contre le changement en général, vous devenez soutiens de l'absurdité de vos adversaires; car cela revient à admettre qu'il n'y aurait pas d'autres changemens à faire que ceux mêmes qu'ils proposent? Quelle sottise de leur faire une pareille concession ! Avec cette concession-là on finira toujours par vous casser les bras; car c'est la seule solution possible au problème, quand vous le laissez posé dans ces termes.

N'eût-il pas bien mieux valu, je vous le demande, que vous eussiez eu l'idée de parler ainsi, de dire : « Oui, il y a de mal» heureuses classes, dénuées, souffreteuses, manquant de tout, » manquant de pain, manquant d'instrumens de travail, man- » quant souvent même de travail; leur force s'use par les excès, » leur santé s'altère par la misère, leur intelligence reste enveloppée » dans ses langes, leurs facultés sont étouffées sous leurs habitudes » grossières. Or, si tous ces gens qui n'ont pas de travail, ou » seulement qu'un travail précaire, avaient un travail assuré; —

» qui n'ont pas d'instrumens, avaient des instrumens ; — qui s
» portent mal, se portaient bien ; — qui sont perclus de leur in
» telligence et de mille facultés, jouissaient du service actif d
» cette intelligence et de ces facultés ; sans doute, si tout cela s
» réalisait, il y aurait alors en grande abondance des sources d
» bien-être, et l'on pourrait faire participer chacun à la prospé
» rité générale, si fort augmentée par ce concert de toutes le
» forces sociales, — et cela, sans prendre la part de ceux qu
» maintenant déjà y participent... »

Je ne développe pas davantage l'idée : on la saisit. Dison
seulement qu'en la proclamant ainsi, on avait le droit de som
mer ses adversaires de produire un plan d'exécution ; on le
mettait en demeure d'offrir une solution d'intelligence au prc
blème social. De la rue, on les faisait rentrer dans le cabinet.

Mais il aurait fallu pour cela que les fortes têtes du Milie
entendissent quelque chose aux affaires, et ils ont tout juste l'in
telligence aussi mal meublée que les autres. Ils ont sur les autre
un avantage, un seul avantage, qui ne provient certes pa
d'une supériorité d'intelligence, c'est celui *d'avoir aujourd'hu*
intérêt à l'ordre.—Nous allons bientôt expliquer cette proposition

En résumé, si nous ne nous sommes pas fait illusion, il ré
sulte de toutes les considérations précédentes, qu'en mettant d
côté les affaires de polémique et les querelles réciproques de
Partis, tout ce qu'il y a de plus mauvais chez eux, il ne reste

D'une part, — que l'amour de l'avenir, la croyance au progrès
le désir de voir les hommes dévoués à la tête des affaires ;

Et d'autre part, — que le désir de consolider ce qui est, avec
une répugnance contre les idées de changement en général,
ou au moins avec un sentiment très insuffisant de la nécessité des changemens.

Or, cela se réduit, d'un côté, à d'honnêtes et louables intentions qui ne sauraient, en aucune façon, *constituer un moyen*
de les réaliser; et de l'autre, à une *manière de voir,* particulière
à des gens acceptant leur position actuelle, ce qui n'est pas
non plus *un moyen, une doctrine de meilleure organisation*
sociale, puisque ce n'en est pas même un désir.

§ VII.

Pourquoi le Parti qui a *intérêt à l'Odre* est aujourd'hui moins anti-social
que celui qui veut le renverser.

Autrefois, dans notre société française, il y avait des races
d'hommes politiquement distinctes ; des castes différenciées
par des qualifications bien tranchées, et pour lesquelles castes
il était de principe que la mesure politique et légale n'était pas
la même.

C'était le résultat de la conquête antérieure ; c'était une inféodation des races vaincues, oppressive et brutale, tirant son origine
d'un principe oppressif et brutal. Il n'y avait pas égalité devant la
loi. Quand les races que la guerre avait infériorisées furent de-
venues, par l'activité et le travail, riches et puissantes, elles ré-
clamèrent l'affranchissement de la conquête, l'annulation de
l'acte d'inféodation. Or, nous ne disons pas ici qu'il n'y avait
pas un moyen meilleur qu'un fait révolutionnaire et brutal pour
réaliser cet affranchissement ; mais nous disons que ce fait d'ordre brutal pouvait, dans les circonstances d'alors, anéantir les
conséquences d'un fait du même ordre. Il n'y avait en effet ici
qu'à écrire dans la loi : *Tous les enfans du sol de France sont citoyens français, et tous les citoyens français sont égaux devant
la loi ;* et pour écrire cela, il suffisait que les inférieurs se trou-
vassent les plus forts et sussent écrire (1).

Mais maintenant il ne s'agit plus d'une infériorité théorique à
faire disparaître de la théorie législative ou politique ; il ne s'a-

(1) Ceci est si vrai, qu'il n'est permis qu'à la Politique des rues et des
feuilles publiques de ne pas savoir que le fait politique de la révolution
est tout entier dans l'œuvre de l'assemblée constituante, et que tout ce que
l'on appelle révolution après cela n'est autre chose que le combat qu'il a
fallu soutenir pour maintenir la formule de l'*égalité devant la loi*. Si la
monarchie alors ne s'était pas niaisement laissé aller à faire cause commune
avec les débris des races féodales, tout était fini. Nous ne sommes certes
pas plus avancés aujourd'hui que nous ne l'eussions été alors. Les étroits
préjugés que la Politique quotidienne répand avec usure dans toutes les
têtes oblitèrent ces vérités, qui sont si simples.

git plus d'un principe politique à reconnaître, et à écrire quel
que part avec des déductions législatives.

Aujourd'hui, en effet, tous les citoyens français sont théori
quement égaux devant la loi. Vous donneriez un coup de pie
dans un derrière de Montmorency, que cela ne vous coûterai
que cinq francs d'amende, comme pour un derrière de manan
(je ne suis pas bien sûr du taux). Vous avez même la chance d
brûler la cervelle du Montmorency au bois de Vincennes, s'i
n'est pas content. — En droit, il n'y a plus qu'une seule mesure
Voilà qui est très bien.

Mais il y a des millions d'individus qui n'ont pas de pain o
qui en ont peu; qui n'ont pas de travail, ou qui n'ont qu'un tra
vail misérable et précaire; qui ne sont pas logés, ou qui sont lo
gés comme vous et moi serions bien malheureux de l'être; qu
vivent dans la misère, dans la crapule; qui n'ont pas de plaisir
supérieurs à ceux d'une grossière et fangeuse débauche; qu
sont venus au monde avec d'admirables facultés qui pourraien
réaliser des merveilles, et qui restent ensevelies sous une croût
épaisse; qui sont venus au monde avec des passions pour aime
et jouir, et qui haïssent et souffrent; qui font des légions d'en
fans qui tous devraient être des hommes, et que l'absence d'un
éducation sociale laissera devenir des brutes... — Commen
changerez-vous tout cela en écrivant quelque chose sur un
feuille de papier ou de parchemin? — Vous voyez bien qu'au
jourd'hui il y a tout autre chose qu'une révolution à réaliser.

§ VIII.

Que le mal n'est pas que quelques uns aient trop, mais bien que presqu tous n'aient pas assez.

Mais, direz-vous, à côté de ceux qui sont dans le dénuement
il y en a qui ont trop... — Eh! non; personne n'a trop, et pres
que tous n'ont pas assez — comme le pense très censément le
titre de ce paragraphe.

Nous vivons dans un royaume où, si vous répartissiez éga
lement la fortune sur toutes les têtes, *chacun aurait onze sous à
dépenser par jour.* Qu'arriverait-il, en supposant que vous puis
siez établir cette communauté? — Il arriverait que, dans un
pays où il y a *beaucoup* de misérables, vous auriez rendu *tout*

le monde misérable. C'est bien la peine de faire tant de bruit pour arriver à un pareil idéal ! Vous voyez bien que la France, en la considérant comme une grande famille, est une grande famille très pauvre, et que la question est, avant tout, de travailler à l'enrichir. Eh bien ! ceux d'entre vous qui se croient les mieux inspirés, ne pensent encore qu'à répartir justement et égaliser, autant que faire ils pourraient, la misère ! Avisez donc à créer la richesse et à la bien répartir. Pouvez-vous *décréter* constitutionnellement la richesse de la France ? Ah ! bon Dieu, si vous le pouviez, nous nous rangerions bien vite à pareille Politique, nous demanderions à cors et à cris le changement de constitution, quoique l'on vienne de le défendre ; nous serions, nous, des premiers à vouloir que l'on mît cela dans la loi. — Mais vous ne le pouvez pas.

Nous vous le répétons, personne n'a trop, et presque tous n'ont pas assez. Songeons à augmenter la richesse générale, et à répartir équitablement l'augmentation sur toutes les têtes de ceux qui travailleront à cette augmentation. Voilà qui est possible ; car nous avons des terres, des matériaux, des capitaux, des sciences, des arts, du travail à faire et des bras qui demandent du travail, des facultés qui sommeillent, ou qui luttent les unes contre les autres, ou qui manœuvrent dans de mauvaises conditions, quand elles pourraient être éveillées et excitées, travailler de concert, travailler dans de plus heureuses conditions. Supposez que, par un miracle, toutes les forces des trente-trois millions d'individus qui composent la France soient employées demain à travailler, sous la meilleure combinaison possible, à la création des richesses et des moyens de bien-être de toute nature dans le grand atelier national : ne voyez-vous pas qu'il en résulterait une richesse qui inonderait tout le monde, des sources de bien-être à dépasser tout ce que nous pouvons imaginer ! Pourquoi donc nous disputons-nous tant sur des misères, pourquoi nous arrachons-nous, comme des chiens, quelques os à ronger ? Cela ne nous mènera jamais qu'à nous mordre jusqu'au sang comme des bêtes féroces ; et puisque Dieu ne nous a pas donné les griffes du tigre et les dents du crocodile, il est à croire qu'il ne nous destinait pas à ce genre de vie, et que c'est par erreur seulement que nous y persistons.

Ainsi, la conclusion de ce § VIIIᵉ est qu'il ne faut pas brûler

5

les châteaux *parce que* beaucoup de pauvres gens n'ont que des chaumières ; mais qu'il vaut mieux travailler à loger dans des châteaux, — ou dans des maisons passables, si le château paraît exorbitant, — ceux qui n'ont encore que des chaumières : pourquoi prendrions-nous le Louvre au Roi avant d'avoir prouvé qu'on n'en peut pas bâtir un pour le Peuple ?

§ IX.

D'un Programme qui est encore meilleur que celui de l'*Hôtel-de-Ville.*

Nous devrions donc maintenant, — sauf meilleur avis —, nous mettre sérieusement à chercher l'ART de combiner, le mieux possible, les forces créatrices de la richesse et du bien-être, d'augmenter la puissance productive du capital, du travail et du talent, d'utiliser et développer harmoniquement toutes les facultés oisives, endormies, déviées, de faire converger et d'associer les uns avec les autres les intérêts qui se heurtent, de mettre en honneur et en activité toutes les bonnes choses, d'établir pour tous les individus une prévoyance sociale, de créer une éducation féconde et universelle, de tirer de la puissance vivifiante du globe et de la nature humaine, les immenses richesses qui y sont renfermées, de découvrir enfin tous les trésors placés par la main de Dieu dans les choses de la création.

Au lieu de nous prendre aux cheveux les uns les autres et de nous faire tant de mal pour des misères, prenons notre globe corps à corps, dirigeons sur son exploitation harmonique et combinée ces forces immenses que nous perdons si peu raisonnablement dans nos funestes luttes politiques, industrielles et sociales. A l'œuvre donc pour organiser le grand atelier social ! Voici une carrière pour toutes les intelligences, pour toutes les ambitions, pour toutes les puissances, une voie ouverte à toutes les facultés ! Il faut ici tous les genres de talent, de savoir, d'actions ! et ici du moins, les récompenses seront belles et glorieuses !!...

Prenons pour tâche de trouver les conditions de la réalisation d'un but aussi magnifique et véritablement digne de quiconque veut porter le nom d'homme. Si ce but est celui auquel nous devons réellement aspirer, mettons au moins à l'ordre du jour la recherche des voies qui peuvent y conduire. En conscience, voilà un programme qui vaut mieux que celui de l'Hôtel-de-Ville, — quoique, au premier abord, cette proposition ait pu paraître hardie et outrecuidante.

Que si vous venez nous dire qu'il *est bien difficile* de trouver les moyens de réaliser ce programme en tout ou en partie, nous vous répondrons que c'est une raison de plus pour nous mettre tous en devoir de chercher ces moyens difficiles à trouver; car, à coup sûr, nous ne les trouverons pas si nous ne faisons que nous quereller et nous battre à propos de toutes autres choses. — C'est difficile! — Eh! qu'en savez-vous? avez-vous jamais cherché à résoudre ce problème? — Non, vous n'avez jamais cherché. Pourquoi commencez-vous donc à trancher cavalièrement là-dedans, en disant que c'est si difficile? (On sent bien que nous adressons ici la parole seulement à ceux qui se complaisent aux chicanes méchantes.) Après tout, nous le concédons c'est un problème difficile, très difficile... eh bien! il est résolu....

§ X.

De la simplicité qu'il y aurait à se fâcher pour si peu de chose.

Il est résolu!!! Ah!!! voici l'endroit drôle! Voici votre tour de rire! et vous croyez que nous nous en fâcherons?... — Pas du tout: car vous avez été si souvent mystifiés par des charlatans, ou par d'honnêtes gens qui se trompaient en vous faisant de moins belles promesses; car vous avez fait tant d'extravagances en courant après vos désirs; car vous avez été les dupes de tant d'illusions que vos docteurs de la Philosophie et de la Politique vous ont faites; car vous avez bu tant de déceptions, tant de folies, tant de niaiseries et de misères, que vous êtes certainement bien en droit de rire d'abord, et d'y regarder à deux fois quand on vient vous dire ce que nous vous disons, et avec autant d'assurance. — Aussi riez..... mais regardez-y à deux fois; car si par hasard le second regard vous montrait que nous avons raison, *ce serait le plus grand bonheur qui pût vous arriver au monde,* — attendu que nous avons, tous, les plus grands intérêts à ce que votre incrédulité et votre hilarité du premier moment aient tort, et que notre assurance, à nous, ait raison.

Et puis, si vous le voulez, quand nous n'aurions pas tout-à-fait le moyen de faire ce que nous disons (et croyez bien que ceci n'est pas capitulation de notre part), nous n'en aurions pas moins de grands droits à être écoutés de vous tous, messieurs de la Politique, car nous sommes en mesure de vous prouver, clair comme le jour, — et, qui mieux est, de prouver à tout le monde, — que vous ne savez absolument ni ce que vous dites, ni ce que vous faites, que vous n'êtes pas du tout à la question, et qu'il convient que vous changiez de sujet, ou que l'on ne prenne plus la peine de vous écouter. — Dieu aidant, ainsi que vos sottises et le bon sens du pays, nous espérons bien avoir au moins gain de cause sur ce sujet.

Au reste, dans cette bataille-ci, nous aurons pour nous l'avantage du vent, du soleil et de la position ; c'est une affaire gagnée d'avance : L'indifférence politique *coule à pleins bords* ; c'est chaque jour, et partout, que l'on entend maintenant ce dialogue : « Que disent les journaux ? — Je n'en sais rien ; est-ce que je les lis ? — Vous ne les lisez pas ? — Je suis trop fatigué des mensonges et des bêtises dont ils sont pleins, et trop ennuyé de leur Politique qui est aux abois. — Pardieu ! c'est bien comme moi. »

Traduisez ce langage, — bon pour la conversation, mais trop familier pour être écrit, — et vous aurez exprimé que la Politique en est à son *chant du crépuscule* — du soir.

CHAPITRE IV.

SUR LES FACHEUSES INFLUENCES DE LA PRESSE POLITIQUE.

§ I.

Que tel, comme dit Merlin, cuide enseigner autrui, qui devrait s'enseigner soi-même.

Cette Presse politique, qui s'en est prise à toutes les Puissances, et a mis à la mode de ne rien laisser debout, s'est ruinée et abattue de ses propres mains. On a fini par reconnaître qu'elle était elle-même une Puissance, et la Puissance la plus insolente, la plus despotique, la plus folle, la plus anarchique qui se pût concevoir. Voyez donc un peu tous ces écrivailleurs qui demandent compte chaque jour à tout gouvernement de son droit pour gouverner, à tout Pouvoir de son droit pour agir ! Et où ont-ils pris, eux, leur droit pour gouverner l'opinion, pour faire l'esprit public ? Je voudrais bien savoir d'où leur vient le droit qu'ils ont d'inonder la France de mensonges, de discussions stériles et de sottises malfaisantes ? — Ah ! je les entends répondre : Liberté, Ordre, Peuple, sainte mission de la Presse, sacerdoce de la Presse, défense des droits......

Allons donc ! liberté, ordre, défense des droits ! dites cela à vos abonnés, bonnes gens du fond de la province ! mais à nous qui sommes dans les coulisses, et qui voyons toutes les ficelles, c'est trop fort ! Est-ce que nous ne savons pas ce que se paient les articles dans chaque officine d'esprit public ? Ne sommes-nous pas au courant de tous vos petits trafics? Quant à ce qui est de votre influence sur le gouvernement des affaires publiques, c'est très bien de la vouloir bonne; mais observez que vous vous posez avec trop d'outrecuidance, médecins du corps social. Pour avoir le droit d'exercer la médecine sur les paysans du plus pauvre village de France, et même sur les chiens, les bœufs et les chevaux de ce village, il faut avoir étudié, avoir fait ses preuves, être apte, avoir son diplôme de compétence; et vous avouerez qu'il est bon qu'il en soit ainsi; car si la médecine régularisée tue déjà, bon an mal an, assez de monde, que serait-ce, bon Dieu! si l'on concédait au premier venu le droit de guérir? Cela étant, vous voyez bien qu'il n'est pas rationnel que le premier petit cuistre qui pousse bien ou mal la phrase, et qui fait affaire avec tel ou tel entrepreneur de feuille publique, devienne un médecin du corps social, et se mette à administrer des remèdes à la société. — Si au moins ces messieurs en étaient pour la médecine expectante! mais non, les plus ignorans sont précisément ensorcelés des méthodes héroïques et des grandes saignées à blanc! — Je répète que cela n'est pas rationnel.

Quant à ce qui est du sacerdoce de la Presse, de ses enseignemens au public, nous demandons où est la religion qu'elle prêche, où est la doctrine qu'elle enseigne? Nous voyons tous les jours sur les tables des cabinets de lecture vingt-cinq grandes feuilles, sans compter les petites, qui ne proposent rien, qui n'exposent rien; qui ne sont occupées qu'à se donner les unes les autres des démentis, des coups de dent, des coups de pied; qui interprètent à mal les actions les plus innocentes de leurs adversaires, et qui répètent ce commerce de calomnies, de disputes, d'interprétations, de médisances, et nous le réchauffent 305 fois par an, — moins les 4 jours de grandes fêtes, où la *Périodique* met en panne.

Or, qu'est-ce que toutes ces feuilles, qui se contredisent et s'injurient, et qui distribuent dans la France, par centaines de mille exemplaires, ces injures et ces contradictions, peuvent enseigner à la France? Elles ne lui enseignent qu'une seule chose certaine, à savoir que, assiégés et assiégeans, attaqués et attaquans, feuilles fanatiques de bonne foi, ou feuilles vendues de bonne foi, braillards de tous les tons, de toutes les nuances, de tous les prix, parlent à tort et à travers dans une confusion des langues pire

que celle de la *tour de Babel*, et que la France a bien autre chose
à faire que de les écouter; car elle y perd son temps et son argent, et n'y gagne que des horions.

§ II.

De toutes sortes de choses, sans compter beaucoup d'autres, auxquelles
la Presse passe son temps en pure perte.

Je sais bien qu'il faut une discussion sur le tapis; qu'il faut s'occuper l'esprit à quelque chose; aussi ne s'agit-il pas de supprimer
Presse et discussion, et nous trouvons assez bornés ceux qui ne
savent combattre les excès de la Presse que par l'excès des répressions; — mais il faudrait étouffer, par le discrédit et même le
mépris, toutes ces luttes ridicules, vaines et malfaisantes; il
faudrait ne prêter attention qu'aux discussions portant sur des
objets dont la solution intéresse les véritables intérêts du pays,
les bases réelles de notre prospérité, les moyens positifs de l'ordre, de la liberté, de la richesse générale, de l'émancipation de
toutes les facultés, de l'admission de chacun dans ses droits, du
développement convergent de toutes les forces nationales et
même sociales dans un grand foyer de bonne activité. — Est-ce
que ces discussions-là ne vaudraient pas, pour le bien-être réel
de la France, les milliards de colonnes écrites sur l'Angleterre,
sur la Belgique, sur les protocoles, sur le colosse du Nord, sur
don Carlos, don Pedro, don Miguel; sur le Pape, sur les ac-
couchemens de la duchesse de Berry, sur les ministres, sur les
préfets, sur les destitutions ou nominations des maires de ville
ou de village, sur les banquets patriotiques, sur les ovations ou
les charivaris offerts aux députés dans les départemens; sur les
mille misères, sans valeur et sans durée, auxquelles s'accroche
la Presse périodique, comme le noyé après la planche, et avec
lesquelles misères elle fait un bruit d'enfer pour étourdir et entretenir le benoît abonné? Ces feuilles publiques, exerçant le
saint sacerdoce de la Presse, en sont à vivre quinze jours sur une
bluette comme les amusemens d'une nuit de Grand-Vaux! à
méchamment tourmenter d'honnêtes pères de famille qui sont
allés se reposer à la campagne de leurs fatigues administratives,
sous prétexte qu'ils auraient fait une nuit d'étudians ou de jeunes

rédacteurs de journaux ! Tout cela est bon pour troubler des intérieurs de famille, à cause de la susceptibilité des femmes ; mais cela n'est point utile le moins du monde au bonheur de la France.

Hélas, mon Dieu ! et les discussions où chacun tire de son côté ce pauvre char de l'Etat, en avant, en arrière, *à hu et à dia*, par dessous, par dessus, dans tous les sens à la fois ! — Mais, nous le répèterons jusqu'à ce que l'on veuille bien le comprendre, est-ce là un moyen de marcher en avant, de réaliser tout ce que nous avons à réaliser, de calmer les souffrances des malheureux, de donner à manger à ceux qui ont faim, d'employer les facultés et les intelligences, d'associer les intérêts hostiles ou divergens ? — Eh ! messieurs les Politiques babillards qui voulez enseigner les autres, enseigner la France, commencez donc par vous enseigner entre vous, et vous mettre au moins d'accord sur ce que vous aurez à nous dire : vous voyez bien qu'autrement vous n'arriverez jamais à votre but, qui est, pour chacun de vous, le bien public, le bonheur général.

§ III.

Que la Presse mérite bien d'être fustigée et honnie.

Après tout, c'est pitié et chose de laquelle on se lasse de rire, que cette impudence des entrepreneurs de publicité, de ces plumassiers sans science et sans conscience, de ces négocians de bruit et de paroles, qui galvanisent une nation de trente-trois millions d'hommes, dont vingt-cinq millions végètent dans la pauvreté ; c'est pitié que ces fanatismes absurdes qui faussent et abusent les cœurs les plus sympathiques, les têtes les plus vives et les plus ardentes, qui entretiennent et fomentent les luttes, avivent les plaies, sèment infatigablement le vent et les tempêtes ; qui monopolisent la publicité au profit de leurs affaires ou de leurs coteries, et écartent toutes les questions de bien public et d'améliorations sociales, parce qu'ils y sont d'une incompétence honteuse ; et qu'en ces matières il n'y a plus à faire preuve seulement d'audace ou d'habileté dans les lieux communs des disputes, mais qu'il faut *présenter et poser* DES MESURES !

C'est pitié aussi que la France soit restée si long-temps sous le joug de cette Politique. Elle s'était mise là en belle tutelle ! Il serait curieux que nous nous fussions débarrassés de la domination des prêtres, des rois absolus, des féodaux, des seigneurs de l'ancien régime, pour tomber sous la domination d'une Presse mercantile, mensongère, vendue, folle, anarchique, et, dans les cas les plus favorables, fanatique ou grossièrement ignorante des premiers élémens d'une saine Politique ; d'une Presse si absurde, enfin, que *dans chaque opinion, c'est la Presse de cette opinion*, QUI PROVOQUE PRÉCISÉMENT LES ÉVÈNEMENS LES PLUS FUNESTES A CETTE OPINION.

Comment voulez-vous que quand on sait tout le bien que pourrait produire une Presse éclairée, sage et raisonnable, et que l'on voit le mauvais usage que l'on fait de la plume et de la parole, on ne se prenne pas de colère, et qu'on ne s'arme pas du fouet de corde avec lequel Jésus, qui était la douceur même, battait les marchands en les chassant du temple ? d'autant que nous ne frappons pas comme lui sur les personnes, mais sur de fausses idées, sur des erreurs pernicieuses.

Au reste, on reconnaîtra que nous y allons avec impartialité. Nous ne noircissons pas les uns pour nous blanchir aux yeux des autres ; on voit bien que nous ne cajolons personne. Si nous attaquons le parti révolutionnaire avec vigueur, ce n'est pas que nous voulions le convertir aux théories du parti adverse ; c'est parce que la société en étant à un point où il est évident qu'il ne faut pas se battre, mais améliorer et organiser, *le Parti à qui sa position donne amour de l'ordre est moins défavorable à l'œuvre qui doit se faire, que le Parti qui veut encore expulser, briser, renverser.*

§ IV.

Que ce ne sont pas les petits enfans seulement qui gagnent quelque chose à être raisonnables.

N'est-il pas vrai que si ceux qui sont au pouvoir n'étaient pas si fort harcelés ; si, au lieu d'être sans cesse menacés et attaqués, obligés d'avoir toujours l'arme au bras, ils étaient bien assis, bien assurés; n'est-il pas vrai qu'alors ces gens qui ne sont pas naturellement plus méchans que vous et nous, seraient forcés par leur intérêt même de réaliser des améliorations, de favoriser le développement de la prospérité générale? Vous voyez bien que c'est vous, agresseurs obstinés, qui leur fournissez le prétexte de ne rien faire activement pour le bien du pays. S'ils n'ont ni l'esprit assez étendu, ni les bras assez forts pour savoir résister à vos agressions d'une main, et de l'autre édifier, organiser, proposer un but utile à l'activité des besoins et des intelligences, ce n'est pas une raison pour les mettre dans la nécessité d'employer tous leurs moyens à vous combattre.

Vous voulez le bien du pays, n'est-ce pas? Eh bien! supposez que demain vous cessiez vos manifestations révolutionnaires; que vous donniez, par de sages et sincères paroles, des garanties réelles à l'Ordre; que vous mettiez vous-mêmes sur le tapis les questions de prospérité publique, d'associations des intérêts; que vous appeliez le gouvernement sur ce terrain, en lui fournissant les lumières que vous pourriez avoir.... ne voyez-vous pas que si vous faisiez cela demain, le bourgeois serait calmé après-demain, car chez nous les rancunes ne sont pas longues; qu'il n'aurait plus peur de vous — qui lui avez tant fait peur! qu'il s'intéresserait aux discussions que vous lui présenteriez; qu'il se remettrait bien vite à croire, — comme il y est si naturellement porté par sa bonne nature, — que les journaux de Paris en savent bien plus que lui; qu'il prendrait souci des maux des basses classes, surtout quand vous lui montreriez qu'il peut améliorer et assurer sa position en améliorant la leur?

Est-ce que, alors, le gouvernement, qui n'aurait plus la peur publique pour faire valoir l'éloquence de ses orateurs, obtiendrait des sommes considérables, — que le bourgeois n'aime pas mieux lui payer qu'un autre,—pour entretenir une armée de 400 mille hommes, des légions d'espions, de recors, de sergens de ville? A quoi d'ailleurs tout cet appareil pourrait-il être utile alors au gouvernement? Le bon roi Evandre, qui régnait sur un peuple tranquille, n'avait, dit Virgile, que deux chiens pour gardes-du-corps: qu'eût-ce été pour une nation grande comme la nôtre encore que notre roi en eût eu quatre?

Craindriez-vous qu'avec une aussi bonne direction que celle que vous pourriez donner à l'opinion, le gouvernement pût agir violemment contre les libertés? Quel intérêt aurait-il à cela? Devant une nation si bien enseignée, et dont l'esprit, au fond, n'est pas malsain, agir ainsi, ce serait se suicider.

De deux choses l'une, dans la supposition que vous seriez raisonnables : — ou le gouvernement entrerait dans les voies d'amélioration que vous auriez ouvertes et où vous le seconderiez, l'encourageriez, où il vous appellerait lui-même à son aide; — ou bien il montrerait une mauvaise volonté si palpable, ou une incapacité si effrayante, que c'est vous qui seriez convoqués à le remplacer.

Vous n'aviez pas autre chose à faire, voyez-vous, que de poser les questions d'améliorations pratiques et positives, après lesquelles attendent toujours les masses qui souffrent, en indiquer vous-mêmes les solutions si vous les saviez, en provoquer la recherche si vous ne les saviez pas, et, dans tous les cas, mettre le gouvernement en demeure de suivre cette direction. Voilà qui eût été parler et faire! voilà qui vous eût conquis une influence! cela eût servi le peuple, le bourgeois, le pays, l'ordre et la liberté. Ah! si vous êtes convaincus en âme et conscience (comme nous le croyons) que votre présence aux affaires est le point important pour le bonheur du pays, que n'avez-vous donc pris cette route, qui vous eût si bien mis en position de lui ménager promptement cet avantage!

§ V.

Conseil que nous offrons à la Presse opposante, dans son intérêt.

Vous avez certainement eu tort de ne point agir comme nous venons de dire. Mais il n'est jamais trop tard pour reconnaître qu'on s'est trompé, et aujourd'hui vous auriez un tort nouveau et bien plus grand à persister dans ces voies, qui ne sont pas heureuses. Voulez-vous donc donner raison à vos adversaires; voulez-vous prendre à tâche de légitimer les mesures violentes, brutales même et absurdes qu'ils ont prises contre vous? Maintenant qu'ils sont vainqueurs, ils ont le manque de générosité (vous tourner en dérision, parce qu'ils vous ont limé les dents c'est bien misérable, et en vérité cela ne leur appartient pas, v qu'ils ont acheté leur triomphe par des moyens peu digne. Vous les avez mis en position d'apostasier leurs principes d'hier d'employer des procédés qu'ils stigmatisaient il n'y a qu'un in stant; — il ne s'agit pas en effet de savoir si les choses so faites de cette façon-ci ou de cette façon-là : une chose qui e: mauvaise en elle-même est toujours mauvaise, qu'elle se formul par une loi ou par une ordonnance. — Nous ne voulons pas dir que les lois de septembre soient la même chose que les ordonnance de l'avant-dernier roi; nous disons seulement qu'il y a beaucou de ressemblance; et puis elles sont plus étranges à cause de ! nature des parrains qui les ont tenues sur les fonts baptismaux (Nous ajoutons baptismaux, afin qu'on ne croie pas que nou voulions jouer sur le mot *fonts*, à cause des fonds secrets; il a tant de gens d'esprit en France! Mais cela serait de mauvai goût, et de plus très faux, car les Chambres n'ont voté que pa peur, par colère, et parce qu'elles ne pensaient pas que no: gouvernans eussent, devers eux, d'autres moyens que la forc: pénale pour lutter contre de nouvelles chances de désordre. I ne faut pas avoir la manie de tout expliquer par les fonds se crets, quoique les fonds, en général, soient une des ressource: du gouvernement représentatif.)

Oui, nous disons que la presse opposante, vaincue dans le do-maine de la force, peut, si elle le veut, prendre le dessus dan: le domaine de l'intelligence. Qu'elle s'empare de l'initiative des propositions utiles à TOUS les intérêts du pays, et elle forcera la Presse ministérielle à la suivre sur ce terrain. C'est une ma-nœuvre qui en vaudrait bien une autre; d'autant que si elle veut recommencer l'attaque par les procédés connus, elle aura de grandes peines, à cause de l'ennui où le pays est des mauvaises disputes, et encore parce que la division est extrême dans son armée. Et puis, elle doit commencer à trouver fastidieux de tou-jours répéter les mêmes choses.

§ VI.

Conseil que nous offrons à la Presse du gouvernement, dans son intérêt.

Nous pouvons donner à ceux qui ont pour le moment le des-sus un conseil analogue. S'ils s'obstinent à rester dans la région des querelles, ils demeureront soumis aux chances des mauvais vents qui y règnent. Avec ces chances, avoir le haut maintenant c'est une raison pour avoir le bas plus tard ; et nous doutons que ce système de compensation soit en ce moment de leur goût. Il ne faut pas qu'ils se fassent illusion ; il y a tant d'évènemens impré-vus ! une mauvaise année, une crise commerciale ou industrielle un peu générale, la mort d'un souverain d'Europe, la moindre des choses, que sais-je, peut changer d'un jour à l'autre la cou-leur des affaires.

Voici un fait :

A tort ou à raison, on est persuadé, en France, que le bonheur et la prospérité générales dépendent du gouvernement. Le gouver-nement aurait beau dire qu'il n'est pour rien là-dedans, ou seule-ment pour peu de chose ; que sa fonction est simplement de mainte-nir l'ordre, d'entretenir une armée, de veiller à la punition des crimes commis contre les individus et les propriétés ; il aurait beau dire que la prospérité vient du travail, de la bonne combi-naison des intérêts industriels et sociaux, du développement et de l'accord des facultés individuelles, de l'accroissement du pro-duit annuel de la France ; et que la nature de la Constitution ne lui fait pas un devoir de se mêler de ces sortes de choses ; mais seulement de prélever sur le produit annuel beaucoup d'argent pour régler les traitemens de ses fonctionnaires ; il aurait beau dire cela, que l'on ne s'obstinerait pas moins à le rendre respon-sable du défaut de prospérité, s'en prendre à lui de la souffrance. —On doit même avouer que ceux qui sont au pouvoir aujourd'hui n'ont pas peu contribué à accréditer cette croyance.

Regardez ce qui s'est passé à Lyon. C'était une querelle de maîtres et d'ouvriers ; c'était une affaire purement *industrielle*, où deux intérêts *non politiques* étaient en cause : il s'agissait de salaires. Jamais, d'ailleurs, la question n'avait été plus nette et mieux tranchée ; les ouvriers avaient saisi d'abord cette distinc-

tion avec un admirable bon sens; ils avaient répudié très pos
vement, en commençant, l'alliance avec la politique; les M
tuellistes avaient proscrit la politique. — Eh bien! cela n'a
empêché l'affaire de finir par être très politique; en derni
analyse, on en est arrivé à une négation, à main armée, du go
vernement.....

Il est donc bien facile de comprendre que si des circonstanc
qui sont tout-à-fait dans l'ordre des possibles, viennent quelq
jour à augmenter les souffrances des classes inférieures, ou
seulement le sentiment de la misère actuelle leur devient pl
aigu, ce qui est dans la loi du progrès, il se pourra manifest
sur toute la surface du pays, ou seulement dans cinq ou s
grandes villes à la fois, ce qui s'est manifesté à Lyon : on s'e
prendra au gouvernement comme devant, et alors, adieu ce go
vernement, et vive la République! (La justice a trop d'esprit pou
voir une provocation à la révolte dans la malheureuse locutio
qui vient de m'échapper. — Ce n'est qu'une manière de parler.

Ainsi le Juste-Milieu est plus intéressé que qui que ce soi
à l'amélioration du sort des classes inférieures : bien entend
que nous parlons d'une amélioration qui n'exigerait pas de s
part des sacrifices d'argent, — au contraire.

Qu'on ne vienne pas dire ici encore une fois que le Juste-Mi
lieu ne peut pas être converti à cette doctrine, parce qu'il est
égoïste. Ce serait trop mal raisonner, puisque ici la *philodémie* (1) est tout-à-fait dans ses intérêts et cadre à son égoïsme,
qui dès lors devient chose bonne et utilisable. Et puis nous n'aimons pas entendre dire que les hommes du Juste-Milieu sont
des êtres *naturellement et essentiellement égoïstes*: c'est aussi
absurde que quand ils disent, eux, que les Républicains sont,
par nature aussi, amis du bouleversement et du désordre. Eh!
non, et mille fois non! ce sont les positions et l'esprit de Parti
qui donnent ces mauvaises qualités. Si l'on en croyait les Par-

(1) *Philodémie, amour du peuple;* on a tant fait de mots en *philo* et
démo, qui n'ont servi à rien, comme *philosophie, philantropie, démo-
cratie*, etc., qu'on ne passera bien *philodémie*, s'il peut être utile à quelque chose. — Ensuite, on dira *démophilie*, si l'on veut, au lieu de *philodémie*, nous n'y tenons pas; c'est bonnet blanc ou blanc bonnet.

tis, *nous* serions tous les plus odieuses créatures qui se pussent concevoir. Passe encore d'aimer l'*art* pour l'*art*, quoique ce.ne soit pas bien fort; mais aimer le désordre pour le désordre, ou la misère des autres pour le plaisir de les voir souffrir, cela n'est dans la *nature native* d'aucun homme; cela même est extrêmement rare dans nos *natures faussées par les mauvaises conditions de nos mauvaises sociétés.*

§ VII.

Comment l'auteur est amené à faire amende honorable pour quelques peccadiles.

Si bien que nous retombons toujours sur cette vérité, *que nous avons tous intérêt à ce que tout le monde soit heureux, sans exclusion de personne; et que la meilleure manière, pour chaque classe, d'assurer ses intérêts particuliers, c'est de lier à ses propres intérêts, les intérêts des autres.*

Cette vérité revient souvent sous notre plume, comme le motif principal dans certains morceaux de musique; et nous sentons qu'elle apporte avec elle un ton de bienveillance dont nous subissons l'influence sans nous en apercevoir. — Voilà que maintenant j'ai quelque regret d'avoir parlé un peu durement dans deux ou trois passages qui précèdent. Plusieurs de mes amis m'avaient fait remarquer déjà que, dans un petit écrit comme celui-ci, il aurait mieux valu ne pas se fâcher du tout; que j'avais bien raison sans doute dans ce que j'avançais; mais qu'on pouvait faire entendre les mêmes idées autrement, et qu'il ne convient pas toujours—entre nous—, d'appeler les choses par leur nom.

Ils m'ont dit encore : que tout le monde ne comprendrait peut-être pas,—quoique cela soit très clair — que l'âpreté de certains morceaux provenait seulement de l'irritation contre les causes qui fourvoient tant de bonnes facultés, presque toutes désireuses du bien, et dont on pourrait tirer un si heureux parti, notamment pour l'amélioration du sort du peuple qui souffre, et pour la tranquillité du bourgeois qui n'est pas rassuré ; que beaucoup d'honnêtes gens iraient se butter contre cette irritation, et s'irriter eux-mêmes, qui auraient compris si on leur eût parlé plus doucement ; que j'aurais dû calculer cet effet d'esprit de Parti dans un morceau où j'ai à cœur de montrer les aveuglemens produits par l'esprit de Parti.....

Enfin ils m'ont dit beaucoup de bonnes choses que je me sens tout disposé à reconnaître. Malheureusement j'ai donné à l'imprimerie au fur et à mesure ce que j'écrivais, et je ne puis revenir sans surcroît de frais, autrement qu'en reconnaissant avec sincérité, comme je le fais ici, le tort que je puis avoir eu de dire trop crûment certaines choses.

Lecteur, vous me pardonnerez sans doute ce qui m'est échappé dans la rapidité de l'improvisation, — comme à la Chambre, — et en faveur des intentions ; car si la simplicité des intentions ne peut pas être admise en remplacement d'une théorie politique, ainsi que nous avons pris peine à l'établir, elle peut du moins servir d'excuse à un écart momentané de forme. D'ailleurs, les petits mouvemens pour lesquels nous faisons amende honorable auront servi à mettre quelque variété dans notre récit.

Que si quelques gens de parti s'obstinaient à ne pas se satisfaire avec nos excuses, il est probable que ce seraient précisément ceux qui parlent le plus violemment chaque jour contre leurs adversaires ; et nous nous contenterions de leur dire qu'il n'est ni juste ni libéral de vouloir monopoliser à son profit une forme de style, si elle peut être bonne à quelque chose ; ou que, si elle n'est bonne à rien, ils devraient alors donner l'exemple de ne s'en pas servir. Et puis, si ce sont des Républicains, ils devraient penser qu'ils nous ont bien quelque obligation, à nous, qui leur fournissons le moyen de se débarrasser loyalement de leurs théories fâcheuses ; et si ce sont des hommes du Parti contraire, ils doivent aussi nous savoir gré de ce que nous leur apprenons comment on peut soutenir l'Ordre avec loyauté, humanité et certitude de succès.

§ VIII.

Du profit que la Presse ne s'empressera peut-être pas de tirer de nos bons conseils, et d'un démenti que nous voudrions recevoir à cet égard.

Toutefois, — hélas! il faut bien le dire, — malgré la candeur de nos excuses et l'excellence que nous attribuons sincèrement aux choses que nous avançons, nous n'osons guère espérer que la Presse politique soit bien disposée à écouter nos avertissemens et nos raisons. Elle a déjà malheureusement donné plus d'un sujet de croire *qu'elle n'est pas encore mûre*, comme on dit, pour aborder ce genre de questions; elle a même montré assez souvent, dans ces derniers temps, sa répugnance à y venir. Nous avons vu plusieurs feuilles de l'Opposition, — celles-là précisément qui sembleraient devoir les accueillir avec le plus de faveur, à cause de la violence de leur amour pour le peuple et le pays, le *National*, par exemple, — réprouver formellement ces idées, sous prétexte que des discussions pareilles *diminueraient nécessairement le degré de la température politique*, qui baisse déjà naturellement, — ce qui est très vrai; — ajoutant que cela laissant respirer le gouvernement, serait un grand malheur, — ce qui est peut-être moins juste. Le *Constitutionnel* lui-même pense que le développement de ce qu'il appelle les *intérêts matériels* (1) (c'est le nom que la *Presse politique* se plaît à donner

(1) La Presse, également exercée dans l'art de confondre les mots et les idées, appelle tantôt *intérêts matériels* les objets des questions dont nous parlons, tantôt elle donne ce nom à la spécialité des questions de douanes, de tarifs, etc. Ce double sens pourrait faire croire à plusieurs personnes qui n'y auraient pas trop regardé, que nous accusons la Presse, à tort, de mauvaise volonté, si elles pensaient que ces spécialités sont l'objet à propos duquel nous soumettons nos reproches à la Presse. Mais il s'agit d'autre chose.

A ce sujet, disons que si la Presse s'occupe de ces affaires de douanes, de tarifs, de droits d'importation ou d'exportation, c'est encore avec tout autant de malheur que dans la Politique pure. Il est bien vrai que ces questions en elles-mêmes ont une valeur, et que celles de la Politique n'en ont pas; mais on apporte dans ces discussions les habitudes que l'on a contractées dans la guerre de Parti; on vient ici, non pas pour résoudre les questions à l'avantage général, mais pour trouver des armes contre l'un

à tous les intérêts qui ne sont pas *des intérêts politiques proprement dits.* — Voir notre définition du mot POLITIQUE, page 2 , en haut), le *Constitutionnel*, dis-je, est lui-même d'avis que ce développement, *en occupant les bras, paralyserait les intelligences.* C'est que le *Constitutionnel*, qui a beaucoup d'*intelligence politique*, entendrait qu'on ne peut développer son intelligence qu'en faisant de la *Politique;* mais c'est une erreur de sa part, car les questions que nous préconisons exigent bien quelque intelligence pour être débattues, et nous pensons que la largeur de leur champ suffirait pour donner encore une assez belle carrière à celle du *Constitutionnel*. (C'est l'*intelligence du Constitutionnel* à quoi se rapporte le mot *celle*.)

Il faudrait donc, pour que la Presse politique, — qui est une grande Puissance, — se rendît à nos raisons, qu'elle dérogeât un peu à ses vieilles habitudes; et les habitudes sont une seconde nature, chacun le sait. C'est pourquoi, nous qui avons à cœur que nos principes se popularisent, parce que nous les croyons utiles aux intérêts du pays, nous avons résolu de devenir aussi une Puissance. Si l'on parvient en France à se *faire autorité* par la Presse en préconisant des idées faussés et fort peu utiles, il est permis de croire qu'on peut aussi bien atteindre le même résultat en préconisant des idées raisonnables et avantageuses à tout le monde : c'est là ce qui nous soutient; nous n'oserions même pas penser qu'il pût en être autrement, car ce serait une impertinence.

D'ailleurs, nous ne prétendons pas monopoliser à notre profit les bonnes Idées dont nous parlons; notre plus grand désir, au contraire, serait que la Presse s'en emparât aujourd'hui; et

nemi ; et la preuve, c'est que vous voyez la Presse gouvernementale y prendre des moyens d'apologie pour le gouvernement, et la Presse opposante des moyens de le dénigrer, — pas autre chose ! — On retrouve ici exactement toutes les vanités et toutes les mauvaises traditions de la Politique.

Il y a beaucoup de choses que nous nous bornons à indiquer maintenant, et que nous traiterons en grand détail dans les colonnes de nos journaux. — Voir le prospectus de la *Phalange*, que nous avons détaché à la fin de cette brochure. On est même prié de la mettre à sa place naturelle, car nous ne l'en avons disjoint que parce que le *Timbre* l'a voulu ainsi.

si *nous* émettons la crainte qu'elle ne veuille pas diriger ces discussions sur ce terrain nouveau, nous serions tout-à-fait enchantés qu'elle nous donnât de suite un démenti à ce sujet. Ces choses
sont connues, publiées, adressées à tout le monde : que la Presse
les prenne, qu'elle les examine et les discute. Si elle n'en veut
pas, qu'elle dise au moins pourquoi ; — qu'elle daigne les réprouver ostensiblement, comme elle fait pour de médiocres romans, pour une pièce de M. Casimir Delavigne (1).

Quoi qu'il en soit de la Presse actuelle, comme nous avons
maintenant quelque argent, quelque secours, et des amis dans
bien des localités, nous allons toujours nous occuper à écrire et à
répandre nos écrits à grand nombre d'exemplaires, en attendant
que la Presse politique veuille bien aider de ses moyens la publicité des Idées que nous avons à promulguer. Comme cela, nous
ne nous exposerons pas à perdre patience, ainsi qu'il arrive quelquefois quand on attend trop long-temps.

§ IX.

Qu'il faut distinguer la *Presse de Paris* et la *Presse des Départemens* ;
confirmation tirée de la théorie et de l'expérience.

Avant de donner un petit exposé de la manière dont nous entendons les affaires, nous avons une distinction fort importante
à établir ici ; c'est la distinction entre *la Presse de Paris* et *la
Presse départementale*. Voici ce que c'est :

La Presse de Paris est au plus épais de la Politique ; elle est au
beau milieu du centre de l'action gouvernementale. Si bien que
quand il arrive quelque changement dans les affaires (remplacement de ministres ou remplacement de roi), les écrivains qui
ont provoqué ou favorisé ce changement par leur opposition, ne
peuvent guère se dispenser de prendre place au gouvernement.
Ils ont critiqué, attaqué, fustigé les autres : quand les autres s'en
vont, leur position leur fait naturellement un devoir, à eux,
de prendre la rame et le gouvernail ; c'est forcé. Aujourd'hui,
par exemple, il y a à peine deux ministres au Conseil, ceux
de la guerre et des finances, deux spécialités toutes particulières

---

(1) « M. Casimir Delavigne ; *erratum,* lisez M. Victor Hugo, ou Alexandre Dumas, » pour peu que vous soyez abonné au *Constitutionnel,* ou à
quelque autre organe des saines doctrines littéraires.

qui ne soient pas d'anciens journalistes. Les préfectures , sous préfectures et autres places, sont aussi très peuplées d'anciens jour nalistes qui faisaient de l'Opposition au précédent ordre de choses — (Des méchans disent même que plusieurs journalistes qui fon de l'Opposition aujourd'hui, n'en feraient pas si on leur eût donn des préfectures ou autres objets; et, à la rigueur, cela se conçoit car , occupés qu'ils seraient par les travaux de leurs places, il n'auraient naturellement pas le temps de faire de l'Opposition)

Cela fait que , comme il est agréable à tout homme dévoué son pays de le servir, et d'aider un gouvernement qu'il a contri bué à asseoir (et malgré les désagrémens nombreux attachés au fonctions plus ou moins éminentes de l'État), les hommes le plus influens de la Presse parisienne ne sont pas à l'abri de dési rer , dans l'intérêt du pays , bien entendu , les remaniemens qu pourraient les porter à ces places dans lesquelles ils espèreraien mieux faire que ceux qui les possèdent. Il résulte de là , à leu insu et par un sentiment dont la source même est louable, qu la Politique les préoccupe et les absorbe bien plus qu'elle ne fe rait s'ils vivaient paisiblement dans un village du fond de l province, et qu'ils observassent et jugeassent de là les affaire dans le calme d'une solitude tout-à-fait philosoph'que.

Or, les écrivains de la Presse des Départemens , sans être pré cisément des philosophes solitaires, se rapprochent néanmoin plus de cette position que leurs confrères de Paris. Cette diffé rence de position doit donc leur donner , au sujet de ces sorte d'affaires, un esprit plus dégagé et plus libre que celui des au tres. Aussi est-il remarquable que les faits se complaisent à ap prouver la théorie que nous venons d'établir sur cette diversit de position des écrivains de la Presse politique française ; — nous croyons que le même résultat se remarquerait aussi dans l autres pays.

La Presse des Départemens aborde souvent, depuis deux o trois ans , les questions situées en dehors du domaine de la Pol tique; elle va même à cet égard jusqu'à reprocher en termes sou vent assez vifs à sa suzeraine de Paris, son peu de considératic pour des sujets aussi importans,—suivant elle. C'est une batail engagée : et comme la Politique est en mouvement général d baisse (les petites recrudescences momentanées n'altèrent pas l loi générale de refroidissement), et que, d'un autre côté, ce

Idées, que nous n'appelons pas *affaires d'intérêts matériels*, mais *Idées sociales*, sont au contraire en phase d'accroissement, il se pourrait bien faire que la Presse parisienne ne tardât pas à être tournée, et, — ma foi, — débusquée de sa position par les phalanges départementales.

Ainsi, il ne faut pas confondre la *Périodique* parisienne et la Presse départementale. Quand nous disions donc la Presse, tout court, cela voulait dire la *Presse de Paris*, — comme les Latins disaient *Urbs, la Ville*, pour dire la *ville de Rome*, même quand déjà Rome commençait à n'être plus le centre de la puissance impériale.

Ce que nous disons de la presse départementale, ce n'est pas seulement pour nous ménager sa bienveillance et nous mettre en accord avec elle, c'est encore pour lui rendre justice et pour apprendre, — nous qui l'avons suivie et étudiée, — à beaucoup de Parisiens qui ne la connaissent pas : que bien des questions dont ils n'ont jamais vu dire un mot à la Périodique régnante de Paris, sont déjà mises en question dans la France. Ceci d'ailleurs ne doit pas étonner, puisque la Presse s'est occupée souvent à prouver que le Pouvoir est toujours en arrière sur la nation pour les bonnes choses, que ses hommes sont les derniers au progrès, qu'ils s'obstinent nécessairement à rester à la queue. On doit lui appliquer ce raisonnement, à la Presse centrale, depuis qu'elle est devenue un Pouvoir ; et cette application lui va d'autant mieux, que ce sont, dans le nombre, les journaux les plus influens (j'entends ceux qui ont le plus d'abonnés), qui se montrent les plus imperméables à ces Idées nouvelles de progrès, qui même, pour dire plus juste, se montrent le plus malintentionnés contre elles.

A l'appui de ce que nous avançons sur la Presse départementale, nous allons citer un article tout récent, un des derniers que nous ayons remarqué dans ses colonnes. Voyez si ce n'est pas un article de bon sens, et vraiment plus raisonnable que ceux dont la Maîtresse-Presse de Paris asperge le pays.

§ X.

Simple citation d'un article de la Presse départementale, à l'intention de montrer qu'elle parle plus raison que la Presse parisienne.

« *Situation actuélle.* »

« Nous touchons à une époque où, selon toute apparence, il
» sera très difficile de réunir au pouvoir six hommes ayant une
» même pensée politique, et pouvant parfaitement s'entendre
» sur le système à suivre pour gouverner la France et régler
» l'essor de son mouvement progressif. C'est qu'il n'y a plus de
» conviction profonde et générale, plus d'idée qui agisse sur les
» masses et rallie les volontés; chacun a son opinion, son système
» à lui; en un mot, la division dans les croyances politiques est
» poussée à l'extrême, si tant est qu'on puisse donner ce nom
» de croyance à ses opinions d'un jour que la vanité, l'intérêt
» ou la peur font et défont à chaque instant.

» Sans doute un pareil état de choses n'aurait point lieu si les
» principes de gouvernement, pratiqués jusqu'à ce jour, eussent
» compris tous les besoins de l'humanité, et permis, à côté des
» intérêts anciens, la pacifique accession de tous les intérêts
» nouveaux, nés du développement successif des arts et de l'in-
» dustrie. Mais jamais société sur la terre n'a été encore organi-
» sée ni gouvernée en vue des progrès qu'elle devait accomplir.
» Les institutions n'ont jamais réglé que les droits qui se ratta-
» chaient aux intérêts existans. De telle sorte que les intérêts
» qui surgissaient au sein de la société, après l'établissement de
» ces institutions, n'étaient point admis à la protection dont les
» premiers jouissaient. De là pour eux un état d'oppression qui
» durait jusqu'au moment où ils étaient assez forts pour livrer
» bataille aux intérêts anciens; de là, pour ainsi dire, la néces-
» sité fatale des révolutions, comme moyens de progrès pour les
» peuples; moyens du reste toujours peu efficaces, et n'opérant
» jamais directement l'affranchissement des intérêts asservis; car
» tout bien à réaliser exige l'application d'un système de condi-
» tions positives : il ne saurait résulter d'une simple négation.

» Or, qu'on examine; une révolution n'est pas autre chose.
» Elle nie, elle détruit, mais n'affirme ni n'organise rien. Et
» voilà précisément ce qui fait qu'après elle les peuples souffrent

» encore et demandent satisfaction par de nouveaux cris, par de
» nouveaux témoignages d'impatience et de colère; et voilà ce qui
» fait aussi que les hommes qui avaient eu foi dans la valeur so-
» ciale des principes révolutionnaires, trompés par l'expérience
» sur laquelle ils fondaient leurs espérances, tombent dans le
» doute, perdent toute conviction politique, et cessent de s'ac-
» corder et de s'entendre. Cette période est l'une des plus tristes
» et des plus déplorables qu'il soit donné à une société de parcourir.

» Depuis la révolution de juillet, la direction des affaires n'a
» cessé d'être aux mains des hommes qui, sous la restauration,
» avaient le plus ouvertement professé les principes du libéra-
» lisme. Comment expliquer que ces hommes, arrivés au pou-
» voir, aient tous, ou presque tous, fait plus ou moins complète-
» ment divorce avec les idées auxquelles ils devaient leur
» réputation et leur popularité? Comment expliquer que les
» plus habiles d'entre eux aient si brusquement rompu avec
» leurs doctrines abstraites d'émancipation et de liberté, et fait
» résistance au mouvement qui entraînait les peuples, eux qui
» l'avaient provoqué, ce mouvement? Certain parti répond à cela,
» en accusant d'égoïsme, de mauvais vouloir, de morgue aristocra-
» tique, de manie despotique, et que sais-je encore! ces hommes
» autrefois pleins de dévouement aux intérêts du peuple, et
» toujours prêts à défendre ses droits contre les empiètemens
» et les attaques du pouvoir. Il faut croire, en vérité, qu'en nos
» temps il n'en coûte guère de passer subitement des sentimens
» les plus généreux et les plus sociaux au plus vil égoïsme, des
» dispositions les plus philanthropiques au dédain le plus inouï
» pour ses semblables. Mais une telle accusation ne saurait sa-
» tisfaire la raison de l'homme que n'aveugle pas l'esprit de
» parti. Elle n'est point une explication suffisante des faits, et
» ne prouve que l'étroitesse de vues de ceux qui la soutiennent.
» Si les hommes, qui ont disposé du pouvoir ou qui s'en sont
» approchés, n'ont pas été aussi conséquens avec leurs premiers
» principes qu'on devait s'y attendre, c'est que, plus clairvoyans
» que ceux qui les entourent, ou mieux placés qu'eux pour
» voir, ils se sont aperçus de l'impossibilité de gouverner, avec
» des idées abstraites de liberté, une société en proie à l'esprit
» d'individualisme le plus destructeur.

» Le libéralisme, tel que nous l'avons professé sous la restau-

» ration, et dont le républicanisme ne diffère que par sa har
» diesse plus grande à tirer les conséquences, s'est fait
» des moyens d'établir la liberté, l'idée la plus fausse et l:
» plus illusoire. Pour lui alors, comme pour la républiqu:
» aujourd'hui, tout le secret résidait dans une modificatio:
» plus ou moins profonde du pouvoir. Il ne fallait qu'en limite
» l'action pour rendre les peuples à la liberté. Erreur grave
» car le pouvoir, quelle que soit du reste la forme qu'il affecte
» n'est point en soi la cause de l'asservissement des peuples, mai
» un moyen employé par la société, dans l'intérêt de sa con
» servation, pour maintenir l'ordre contre les tendances sub
» versives de la liberté. Or, aussi long-temps que celle-ci tendra
» l'abus, au désordre, l'emploi d'un pouvoir modérateur e
» répressif sera fort nécessaire; et aussi long-temps qu'il aur
» ce caractère, il n'est de système de garantie si bien conçu c
» si fort qui soit capable de l'empêcher de faire de temps e:
» temps de l'arbitraire et de la tyrannie; et aussi long-temps qu
» les forces qui sont en jeu dans la société, et dont la source es
» au cœur et dans l'intelligence de l'homme, resteront désunies
» aussi long-temps qu'elles se feront la guerre, toute libert:
» tendra au désordre, à l'anarchie. C'est une conséquence for
» cée. Donc c'est par l'accord des intérêts, par l'harmonie de
» forces individuelles qu'il faut commencer, et non par la ré
» forme du pouvoir. Introduire au sein même de la société le
» conditions d'un arrangement nouveau qui ôte à la liberté se
» tendances subversives, fasse converger toutes les forces
» toutes les volontés vers l'ordre, et rende inutile l'emploi de
» moyens compressifs et répressifs, telle est la voie qui seul:
» peut conduire à la liberté. Faute au libéralisme d'avoir envi
» sagé la question sous ce point de vue, il s'est trouvé au jou:
» venu sans puissance pour remplir les désirs de liberté qu'i
» s'était si follement promis de satisfaire. Il n'a su que poussc:
» les peuples sur les trônes. Et après?..... après? les même:
» plaintes se sont fait entendre, la voix de l'émeute a grond:
» encore autour des palais, et beaucoup s'en sont effrayés e
» n'ont plus obéi qu'à la peur, leur seule opinion politique; e
» aujourd'hui ils n'ont plus de pensée générale à faire prévaloi:
» et à suivre. Ils sont sans vue d'avenir, sans indication sur l:
» destinée de la société, obligés de faire du fatalisme politique
» et de s'en remettre, du soin de nous conduire ils ne saven

» où, *à la force des choses*. Car beaucoup, en poussant devant
» eux, ont senti la terre leur manquer, et n'ont plus osé avan-
» cer; et ils ont eu raison, puisqu'au-delà il n'y a sur la voie
» qu'ils ont suivie qu'un profond abîme; au-delà c'est la barba-
» rie qui nous attend : il faut changer de route. L'expérience
» politique des idées produites par la philosophie du XVIIIe siècle
» vient de s'achever; et, pour tous ceux qui ont su voir, il ressort
» d'une manière évidente de cette expérience, qu'à quelque
» élaboration nouvelle qu'on les soumette, il est impossible
» d'en tirer autre chose que la négation plus ou moins entière
» des croyances qui servaient de base à l'organisation du pouvoir
» ancien.

» Eh bien donc, qu'on y songe ! ce n'est point avec de tels
» moyens qu'on parviendra jamais à satisfaire les désirs de liberté
» qui agitent les peuples. La liberté a ses conditions en dehors
» desquelles elle est une chose aussi impossible que la vie en
» dehors des conditions de l'organisme; et ce n'est point en
» niant ce qui la contredit qu'on parvient à l'établir, pas plus
» qu'en niant la mort on n'établit la vie. Il faut pour cela faire
» œuvre positive, il faut réaliser une systématisation régulière
» des forces sociales, c'est-à-dire des forces et des moyens des
» individus; il faut les accorder, les combiner, afin que leur
» essor n'ayant rien de subversif ni de destructeur, on ne soit
» pas obligé de les comprimer, de les réprimer. A cette condi-
» tion seulement la liberté est possible. Je dirai plus, c'est aussi
» la seule manière d'obtenir l'ordre, car la liberté et l'ordre sont
» deux faits essentiellement corrélatifs et dépendans. Gouvernés
» et gouvernans sont donc également intéressés à ce que l'on
» procède tout d'abord à la combinaison harmonique des forces
» individuelles; et, par forces individuelles nous entendons
» tout ce que chaque individu possède de moyens naturels ou
» acquis, pour créer, pour produire, pour jouir et faire jouir ses
» semblables. Ainsi c'est une œuvre industrielle qu'il importe
» avant tout d'entreprendre, et si bientôt cette pensée ne pré-
» vaut, il serait difficile de dire tous les embarras qui vont naî-
» tre de l'épuisement politique dans lequel nous tombons avec
» une rapidité qui va toujours croissant. Le doute est au cœur
» de tous les hommes que ralliaient naguère les principes du
» libéralisme. La pratique de ces quatre dernières années leur

7

» en a fait apercevoir tout le vide ; et voilà qu'aujourd'hui ils
» n'ont plus de foi commune, plus de pensée commune, plus
» de volonté commune, et partant sont inhabiles à toute œuvre
» sociale. A qui va donc tomber la direction du mouvement que
» nous devons suivre ? Nous ne saurions le dire, car tout parti
» politique est frappé d'une semblable impuissance. Il n'est plus
» que les hommes de doctrine et de science sur qui nous puis-
» sions fonder encore quelque espoir de salut. Eux seuls peuvent
» nous donner la solution des difficultés sans nombre qui nous
» entourent. Quel vertige donc nous les fait dédaigner ? »

§ I.

Quelques observations sur la Presse départementale.

Voyez comme tout cela est sensé, juste et raisonnable. On
dirait que c'est un des nôtres qui a écrit cela, — tant c'est d'accord
avec ce que nous disons : c'est même probablement ce que l'on
ne manquera pas de soutenir ; et, après tout, l'on fera bien,
car quiconque parle raison dans ce genre-là est un des nôtres : et
même, puisque Voltaire a dit une vérité en avançant *que la raison finit toujours par avoir raison*, nous espérons que tout
le monde finira par être *des nôtres*.

Ce bon article que l'on vient de lire, a paru d'abord dans le
Journal de Saône-et-Loire, où il a été pris par *l'Impartial* de
Besançon, journal qui pour perdre quelquefois trop de temps,
peut-être, à soutenir le gouvernement à la manière banale de
la Presse gouvernementale ordinaire, n'en contient pas moins,
fréquemment, des pages aussi sensées que celles-ci.

On pourrait adresser cette même réflexion à beaucoup d'autres
Journaux de Province, dont il y a le même bien à dire. Quand
des écrivains, — qui ont compris et posé des questions comme celles
que contient l'article précédent, et que la Presse départementale
accueille, — bourrent ensuite leurs colonnes avec les vivacités
opposantes connues ou les épaisses et lamentables apologies
ministérielles, qui sont le pain quotidien de la Presse de Paris,
— on sent bien que ce n'est pour eux qu'une simple affaire
de forme. C'est imposé par la nature de l'Abonné français, qui

appartient au peuple le plus indépendant, le plus hardi, le plus novateur du monde; ce qui ne l'empêche pas d'avoir peur d'une bonne idée qu'il voit pour la première fois, comme son enfant a peur du loup.— Toutefois, si l'Abonné s'effarouche d'abord, il est susceptible d'être apprivoisé, et il faudrait que l'on comptât un peu plus encore que l'on ne semble le faire, sur son bon sens et sur la puissance de la raison.

Et puis, on rendrait bien service au gouvernement en ne le défendant que par de bonnes raisons. Il n'y a rien de plus défavorable au gouvernement et au ministère, que la Presse ministérielle proprement dite; car la littérature de cette Presse, qui peut *plaire* aux amis du ministère, du gouvernement, comme vous voudrez, ne *convertit* pas un seul de ses ennemis, et au contraire elle les aigrit tous. Dès lors, il est évident qu'elle ne fait absolument que nuire à ceux qu'elle veut servir. Le gouvernement devrait donc, *s'il paie certains Journaux, comme on le dit*, les engager à changer du tout au tout cette tactique qui lui est si nuisible; et si ces journaux déclaraient ne pas savoir le défendre autrement qu'ils ne font, il devrait alors plutôt les payer double pour se taire. Nous aurons, ailleurs, à établir nettement et à démontrer au gouvernement cette importante proposition. Pour le moment, nous nous bornons à émettre à la Presse avancée de la Province cette opinion, qu'elle devrait craindre, moins encore qu'elle ne le fait, de s'émanciper des mauvaises traditions contre lesquelles elle argumente si nettement. Pour briser tout-à-fait le joug, il suffit de vouloir; l'Abonné s'habitue à la raison comme à toute autre chose, on peut en être persuadé.

L'article de tout à l'heure, reproduit par *l'Impartial*, l'a peut-être été par dix autres journaux. C'est une bonne habitude de la Presse départementale de reproduire ainsi mutuellement ses bons articles, en citant leur origine : car, s'il est bon de dire des choses justes aux habitans de son département, il est très bon aussi de leur montrer qu'on dit de même ailleurs : on donne tout de suite de la valeur à des questions importantes en montrant qu'elles sont mises ailleurs encore à l'ordre du jour;— dans notre monde assez moutonnier, on a bien plus raison quand on a raison avec beaucoup d'autres, que quand on a raison tout seul.

La Presse départementale ne saurait trop, suivant nous, user de ce procédé de la reproduction réciproque des bons articles. C'est comme cela qu'elle peut réaliser l'alliance de toutes ses parties, et se donner promptement l'importance qu'elle mérite. Peut-être bien la Princesse de Paris ne verra pas avec grand plaisir cette fédération des vassales ; ce serait un malheur, mais un malheur bien compensé par le bienfait que vaudraient au pays l'accroissement d'influence de la Presse raisonnable, et la substitution des bonnes questions *sociales* aux mauvaises questions *politiques*.

La Presse des départemens a une chose à démontrer : c'est que tous les intérêts de la France ne sont pas dans Paris, et qu'à plus forte raison ils ne sont pas les intérêts seulement d'une soixantaine de méchans *plumicoles*, — sans compter quelques bons, — qui font et sont la Presse de Paris. Cette démonstration-là, c'est la *raison d'être* même d'une Presse départementale ; car si tous les intérêts de la France étaient ce que nous venons de dire qu'ils ne sont pas, à quoi donc correspondrait l'existence d'une Presse départementale ? Que la Presse de Paris en reste donc, si elle le veut ainsi, à ces sottes bavarderies politiques ; — mais que la Presse départementale entre à pleines voiles dans le développement des intérêts de l'industrie, de l'agriculture, de la propriété, du travail, de l'intelligence, dans les intérêts sociaux, en un mot : la tâche vaudra bien l'autre.

Nous allons maintenant passer à un exposé succinct de nos principes, qui diffèrent entièrement de ceux de la Politique ordinaire, et que, cependant, nous avons la hardiesse de nommer *Principes d'une saine Politique*. Ceux qui approuveront cette hardiesse, qui jugeront nos principes sages, raisonnables et de bonne influence, en trouveront les dévelopemens complets et les *déductions pratiques*, dans nos livres et nos journaux, que nous prenons ici la liberté de leur recommander, ne fût-ce que comme *articles de nouveautés*.

CHAPITRE V.

PRINCIPES D'UNE SAINE POLITIQUE.

§ I.

Ce que c'est que l'*École* ou le *Parti sociétaire*.

Nous avons montré, dans ce qui précède, combien nou. .ui-férons des vieux Partis politiques par la nature de notre *critique*. Le titre de ce chapitre prouve déjà que nous en différons encore, en ce que nous ne nous contentons pas, comme eux, de criti-quer et attaquer ce que font les autres, sans dire ce qu'il faudrait faire; mais que, au contraire, nous ne critiquons ce qui nous semble mal qu'en vue de montrer et offrir quelque chose qui nous semble bien. — Comme cela, si l'on venait à nous démon-rer que nous nous trompons en attribuant dě l'efficacité aux moyens que nous proposons, on devrait cependant nous louer de ce que nous pensons au moins à *proposer des moyens*. Si nous parvenions à faire prendre au monde politique l'habitude de ne pas rester enfermé dans le cercle étroit de la *négation pure*, et de poser clairement quelle voie de guérison on offre à la maladie dont on signale les effets, *en vue de quel bien on critique le mal*, — nous croirions déjà avoir rendu un bon service.

L'*École* ou le *Parti sociétaire*, — comme on voudra dire —, se compose des hommes qui, frappés des désordres sans cesse renaissans au sein de notre société, et des vains efforts de tous les Partis et opinions politiques pour les faire cesser, ont compris que la racine du mal existe, nòn pas dans la nature des hommes, non pas dans la nature des intérêts, mais dans les divergences qui RÉSULTENT *d'une fausse combinaison de ces intérêts;* et que, par conséquent, le remède au mal réside fondamentale-ment dans l'ASSOCIATION *des intérêts aujourd'hui divergens*.

CONSTITUER L'ASSOCIATION, tel est donc LE BUT de l'*École sociétaire*.

Mais pour *constituer l'Association*, il faut avoir UN MOYEN,

UN PROCÉDÉ. Or ce moyen, ce procédé, elle l'a trouvé dans l découverte d'un homme d'un immense génie , qui l'a déposé dan diverses publications, dont la première remonte à l'année 1808 et auxquelles les organes ordinaires de la publicité, qui se don nent comme les *sentinelles avancées* de l'opinion, les *annoncia leurs* et *propagateurs zélés* de toute Idée utile au pays et l'humanité, les *chauds amis du progrès*, — n'ont répondu qu par le plus malveillant silence, ou par les plus piteuses plaisante ries du monde.

La découverte de FOURIER sur l'*Art d'associer*, le *moyei* qu'il propose pour remédier aux désordres de notre société constituent un *système d'Idées* qui sont maintenant du domain public ; et, comme la Presse, dont la tâche et le devoir étaien de les examiner, de les faire connaître au pays, de provoquer l mise en pratique du bien qu'elles renferment, les a formelle ment cachées et repoussées , préférant continuer son trafi d'erreurs et de querelles; les hommes qui ont compris et accepté ces Idées ont résolu *de leur créer une publicité*, de les faire va loir ce qu'elles valent, et d'appeler à leur réalisation pratique.

Le moyen découvert par FOURIER leur paraît revêtu du ca ractère scientifique dans toute la rigueur du mot; c'est à leur yeux *le procédé naturel d'Association*, la combinaison sociale mathématiquement déduite de la *constitution physiologique et morale de l'homme*, le moyen capable, enfin, d'utiliser, d'em ployer au bien, de développer harmoniquement toutes les *facul tés natives* de chaque nature individuelle, dans le sens du bonheur commun et de l'ordre général. — Ceux qui ont accepté ce *moyen* ne refusent pas, d'ailleurs, d'examiner et de discuter *tout autre moyen* qui serait offert pour atteindre le même but, l'*Association des intérêts et des individualités*. — En outre (et ceci doit être formellement exprimé), la propriété de la Science de Fourier *appartient à Fourier seul*; ses livres sont là, et, SEULS, FONT FOI pour cette science : de telle sorte que s'il arri vait aux hommes qui ont accepté cette Science, de faire fausse route, soit dans des *expositions*, soit dans des *applications* ou des *déductions ultérieures*, eux seuls, — et non la science et son créateur, — en seraient responsables.

Ainsi, l'*École sociétaire* a, pour *but*, la réalisation de l'ASSOCIATION ;

Elle a, pour *moyen*, la SCIENCE SOCIALE, due au génie de Fourier ;

Et elle accomplira *sa tâche* en installant une PUBLICITÉ dont le double essor consistera, — d'un côté, à montrer que la vieille Politique, posant mal toutes les questions, est condamnée à stationner dans les régions basses et malfaisantes où il convient de la laisser ; — et de l'autre, à montrer comment les questions sociales doivent être posées pour être susceptibles de solutions, et à donner ces solutions.

Cette double tâche, *critique* et *organique*, l'École sociétaire compte la conduire avec ses journaux et ses livres, faits ou à faire.

Elle aura deux organes réguliers : — l'un, dont la périodicité sera de deux, et, plus tard, trois livraisons par semaine, prendra corps à corps les questions d'actualité, politiques, scientifiques, industrielles et littéraires ou plus généralement esthétiques ; c'est le journal annoncé sous le titre de *La Phalange*, en date de la première semaine de janvier 1836. — Son autre organe régulier consistera en une Revue mensuelle. — La première publication sera spécialement consacrée à la *critique* et aux discussions relatives à la *manière dont les questions doivent être posées* dans les différentes régions du domaine intellectuel ; la seconde contiendra spécialement des *travaux organiques* de plus longue haleine.

Dès aujourd'hui le Parti sociétaire aborde les autres Partis et le public avec une série déjà nombreuse d'ouvrages, dont une liste bibliographique détaillée se trouve à la fin de cette brochure. Cette liste ne tardera pas à s'accroître d'ouvrages de toute nature, variant depuis les formes scientifiques et abstraites jusqu'aux formes littéraires et dramatiques. — Nous ajoutons avec plaisir qu'un de nos littérateurs les plus spirituels est déjà à l'œuvre pour un roman où les Idées de cette École sont en cause. Tout nous fait croire que notre littérature, qui retombe aujourd'hui, par épuisement, dans des idées bien mortes pour jamais, ne tardera pas à venir puiser la vie aux sources fécondes ouvertes, comme autrefois celles du désert, par la miraculeuse puissance du génie libérateur qui a révélé au monde Dieu et l'Attraction, le bonheur et la liberté.

Quant aux soldats de la Phalange sociétaire, ils ne veulent pas se décerner des couronnes avant la victoire, comme toute jeune armée est assez coutumière de le faire. Pourtant ils déclarent dès aujourd'hui, — avant que leur Idée ne soit devenue une *puissance nommée et reconnue*, et pendant que beaucoup, s'obstinant à nier sa valeur et ses envahissemens rapides, les traitent encore d'insensés et de rêveurs, — ils déclarent dès maintenant même qu'ils se sentent assez approvisionnés en courage, en nombre, et, — osons le dire, — en talens, pour que, le bon sens du pays, et le bon vouloir des hommes de cœur et d'intelligence aidant, ils se fassent fort de mener dans un temps peu éloigné leur œuvre à bout, c'est-à-dire pour arriver à la réalisation pratique, vivante, et pour tous bienfaisante, de leur Idée.

La conception de Fourier étant, comme nous l'avons dit plus haut, entrée dans le domaine public par les publications de cet homme puissant, ceux qui composent aujourd'hui l'*École sociétaire* ne prétendent nullement au monopole de cette Idée; toutefois, comme ils sont voués à son développement et à sa réalisation, comme ils ont attaché leur avenir à son avenir, il va sans dire qu'ils se réservent leur incontestable droit à *critiquer* tout effort inspiré par cette Idée, *dans le domaine de la théorie ou de la pratique*, qui leur paraîtrait faux, maladroit, de nature, en un mot, à en compromettre la réalisation et l'avenir.

Ces préliminaires étant établis, passons à une courte exposition, non pas des principes de la *science générale* produite par Fourier, — ce qui nous jetterait hors du cadre étroit que nous nous sommes imposé ici ; — mais seulement des principes d'*économie sociale* déduits de cette science.

§ II.

La Société doit, sous peine d'anarchie et de dissolution, offrir un but
général à l'activité des facultés individuelles.

L'homme étant un Être destiné à la société, doué de facultés
actives, et appelé par sa nature même à les exercer et les développer, il faut évidemment que la société fournisse un but général à l'activité des individus; faute de quoi toutes ces activités
éparses non ralliées, luttent entre elles et ne produisent que
conflits et anarchie. Cela est confirmé par l'histoire de toutes les
sociétés. La société romaine, par exemple, organisée en guerre,
a été vivante et compacte tant que la conquête a été le but de
l'activité de ses citoyens. La guerre était même le grand moyen
politique du gouvernement de Rome. Quand, au sein de la paix,
la division commençait à éclater, le sénat déclarait la guerre. Il
rétablissait ainsi la convergence et la compacité intérieures, en
ralliant les activités individuelles sous le drapeau de la patrie et
les appliquant à la conquête extérieure. Quand Rome eut conquis tout ce que ses bras lui permirent d'embrasser, la conquête
devenant impossible, la société cessa d'offrir un but général à
l'activité des esprits; les jeux et les grands spectacles, vains si-
mulacres de l'esprit ancien, ne trompèrent qu'un instant la soif
du peuple-roi: le colosse tomba.

L'histoire moderne, celle de notre Révolution et de l'Empire,
celle de l'esprit du XVIIIe siècle, qui est venu se rompre sur la victoire de Juillet, nous fourniraient des révélations analogues.

Ainsi, en principe, pour qu'une société soit compacte et vive
d'une vie propre, il faut qu'elle fournisse un but général à l'activité des esprits, qu'elle fasse converger les rayons à un centre
commun. — Ce principe, qui est la condition d'existence, non
pas seulement de toute Société, mais encore de tout Parti;
de toute aggrégation, de toute corporation; ce principe n'est
pas neuf: chacun l'a dit et compris, et je ne pense pas que
personne aujourd'hui soit disposé à le nier.

§ III.

Le but que la Société doit offrir à l'activité des esprits doit être un but humanitaire, c'est-à-dire concordant avec les besoins généraux de l'humanité.

Mais ce n'est pas tout, que la société fournisse un but à l'activité humaine. La société romaine qui avait la conquête pour objet et qui opérait, sur ce but, le ralliement de ses parties, a bien pu tirer de ce fait, vie, compacité, puissance. Elle avait bien, par là, une condition d'existence : mais c'était une condition *subversive*, au point de vue humanitaire ; puisque cette condition était la *guerre* dirigée contre les autres fractions de l'humanité avec lesquelles elle était en contact par ses frontières.

De même, dans l'ordre intellectuel, l'Idée philosophique du XVIIIᵉ siècle, qui était le renversement de la puissance féodale et de la compression exercée contre la raison par la tyrannie de la foi catholique, a bien pu être une condition de vie, de compacité et de puissance, pour le parti philosophique ou libéral ; mais c'était encore là une condition *subversive*, puisqu'elle avait pour objet une lutte, un renversement ; et c'était si bien là l'objet de cette Idée, que quand elle est venue se traduire dans le domaine des faits, elle a produit des luttes et des renversemens dont aucun de nous, je pense, ne niera la violente réalité.

Il résulte de là, en bonne, en saine et rigoureuse logique, — si on se place, non pas au point de vue de la vie exclusive d'une nation, d'une vie particulière, hostile au développement des autres branches de l'humanité, et, par conséquent, anti-sociale ; mais au point de vue d'une Politique large et humanitaire, comme il est, heureusement, ridicule aujourd'hui de ne point le faire ; — il résulte de là, dis-je, que l'on doit considérer non seulement *la nécessité* d'un but social, mais encore *la nature* de ce but. Et la conséquence naturelle et facile qui vient se placer ici d'elle-même pour conclusion, c'est que le but qu'il s'agit de proposer aujourd'hui à l'activité humaine, — pour réaliser la condition de vie de la société française (en localisant ainsi la question),

ne doit plus être un objet qui implique l'*hostilité* de cette nation
avec les nations extérieures, mais qui, au contraire, comporte
et entraîne l'*harmonie* de cette partie de l'humanité avec les autres parties.

En d'autres termes, l'objet qui doit être la condition de vie de
la société française, le point de ralliement des intérêts et des
forces de cette société, doit être *harmonique* avec les intérêts généraux de l'humanité.

§ IV.

Le désir du bonheur étant de suprême universalité dans l'humanité, ce *désir*
RÉVÈLE *le caractère général* du but sur lequel seul l'humanité peut se
rallier tout entière.

Oh! si l'on pose ainsi la question politique, à la bonne heure,
nous pourrons faire de la Politique, et nous entendre.

Du reste, on le voit bien, notre procédé pour établir la question dans la forme convenable, est toujours le même; il consiste toujours, simplement, à substituer la solution large de
l'harmonie, à la solution étroite de la lutte; à demander la
convergence des forces et des intérêts, au lieu de vouloir le
triomphe de certaines forces et de certains intérêts, sur d'autres
forces et d'autres intérêts qu'un milieu trop rétréci rend hostiles.

Maintenant, suppose-t-on que, de cette façon, le problème
devienne plus difficile à résoudre? Allons donc! est-ce que, par
hasard, la vie et la puissance d'une société seraient mieux assu-
rées quand ce qui sert et rallie les intérêts de cette société, con-
trarie, froisse, attaque les intérêts des sociétés voisines et
contemporaines, au lieu de se coordonner et de se combiner
avec eux? Est-ce qu'un homme, un intérêt, une agrégation
d'hommes, une agrégation d'intérêts, trouveraient plus facilement leur compte, leur développement, leur satisfaction,
dans un entourage ennemi, qu'au sein d'un milieu concentrique,

allié et sociétaire ? — On ne pourrait pas raisonnablement soutenir cela.

Voilà donc qu'il devient clair, *à priori*, que l'on doit se proposer pour objet l'accord et la convergence intérieures et extérieures des intérêts, des forces et des actes, — non pas seulement si l'on veut faire de la bonne Politique, mais encore si l'on veut faire de la Politique facile, acceptable par tous, de la Politique réalisable.

Et maintenant quel est le but sur lequel toutes les puissances, toutes les facultés, tous les intérêts de l'humanité, peuvent être d'accord et se rallier ? — La réponse est bien simple, bien naïve, un enfant la ferait...

L'humanité, toutes les individualités qui la composent, aiment le bonheur, aspirent au bonheur. — Dès lors l'humanité et les individualités qui la composent peuvent-elles se rallier toutes, sur la république, sur la monarchie, sur la charte de 1830, sur la négation philosophique de la féodalité et de la théocratie catholique, sur la conquête et la guerre, sur le judaïsme, le protestantisme, le mahométisme, le christianisme, le saint-simonisme, sur les dogmes des religions de l'Inde et de la Chine, sur les systèmes philosophiques de Platon, de Locke, de Kant, de MM. Cousin, Jouffroy ou Laromiguière, que sais-je, moi ? sur le sensualisme, sur le spiritualisme, sur l'éclectisme...? Eh ! non, bon Dieu ! car toutes ces choses ne sont que des mots plus ou moins mal définis, ou des faits plus ou moins subversifs, ou des doctrines qui ont *régné* sur des peuples malheureux, *et qui ne font point le bonheur*, puisqu'elles n'ont pas conquis l'humanité ; ou des manières de voir plus ou moins ingénieuses sur le mécanisme des idées, ou des explications psycologiques plus ou moins fausses et incomplètes, puisqu'elles ont été mises au grand jour sans saisir toutes les intelligences... Mais, en vérité, ces choses que j'ai dites, et beaucoup d'autres encore, ne sont point les moyens de bonheur de l'humanité et des individualités qui la composent.

Sur quoi donc peuvent se rallier toutes les activités ?

—Eh ! sur l'œuvre de la création DES MOYENS du bien-être physique, moral et intellectuel de l'humanité, et sur rien autre chose.

§ V.

La Constitution organique de l'homme RÉVÈLE les *moyens spéciaux* du but sur lequel seul l'humanité peut se rallier tout entière.

Nous voici maintenant, grâce à Dieu et au bon sens, dans le domaine des réalités. — Le but que nous devons nous proposer, et le point sur lequel nous pouvons tous nous rallier, c'est l'œuvre de la création de tous moyens de satisfaction du bien-être commun. Vous auriez beau dire, beau faire et beau chercher, vous ne trouveriez rien autre chose sur quoi vous puissiez établir la convergence de toutes les forces humaines. C'est la réponse *naturelle.*

Il faut donc *formuler* ce but, exposer ses voies et moyens; et les esprits, ralliés d'abord sur l'Idée, ne tarderont pas à se rallier sur *l'acte,* sur la *réalisation.* C'est à cette formulation que nous allons rapidement procéder.

L'homme étant un être *matériel* ou *sensitif,* — *moral* ou *affectif,* — *intellectuel* ou *capable de comprendre l'ordre et de régir,* — il en résulte que les moyens de son bonheur résident dans la satisfaction combinée des besoins de sa triple nature. Ses jouissances, dans les trois ordres, sont proportionnelles à l'élévation hiérarchique de ces trois ordres; toutefois son bonheur complet ne peut pas résulter du sacrifice des besoins d'une de ces sphères, aux jouissances d'une sphère inférieure ou supérieure, mais seulement de la complète satisfaction des exigences de ces trois sphères, de leur harmonie parfaite.

Nous croyons que cette formule générale est claire, limpide, et qu'elle saisit toute intelligence placée face à face avec elle. Pourtant nous pouvons peut-être la rendre plus palpable encore en la traduisant en d'autres termes, en disant : que le bonheur de l'homme réside dans le développement harmonique des moyens du bien-être matériel, du bien-être affectif, et du bien-être intellectuel, — et non dans la satisfaction exclusive de l'un ou de l'autre de ces besoins généraux, au mépris de l'un quelconque ou de deux d'entre eux. — C'est le congé donné à toutes les doctrines philosophiques ou religieuses, évidemment trop étroites, qui ont apparu jusqu'ici ; ou plutôt c'est la satisfaction totale des buts particuliers, partiels, de chacunes d'elles. Et il est certain que nous devions tomber d'abord sur cette première conclusion, à la fois *critique* et *absorbante* : — *absorbante*, puisque Dieu ne s'étant, à coup sûr, pas trompé en créant la nature humaine, il fallait bien que, chacune de ces doctrines particulières correspondant à certains besoins particuliers de notre nature, toutes ces doctrines fussent satisfaites à la fois dans leurs buts particuliers, à l'avènement du but général et humanitaire ; — *critique* puisque, en même temps, chacune de ces doctrines particulières n'embrassant qu'un besoin partiel de notre nature et niant les autres, ces doctrines étaient nécessairement fausses au point de vue relatif, et incomplètes au point de vue absolu. Cette dernière assertion atteint d'ailleurs, *à posteriori*, une éclatante et suprême évidence, par le fait que ces doctrines exclusives et correspondant seulement à certains besoins de la nature humaine et non à l'ensemble, n'ont pu régner que temporairement et partiellement, ont été acceptées par certaines natures individuelles et toujours repoussées par d'autres ; en un mot, puisqu'elles n'ont pas eu et ne sont pas d'ordre à avoir puissance d'absorber l'humanité entière. — Evidemment, irrésistiblement, ce qui n'est pas d'ordre à être absorbé par toutes les individualités de l'humanité, ou, si vous voulez, à les absorber toutes, ne satisfait pas intégralement les besoins de l'humanité : ce ne saurait donc être le *but ultérieur et final* de l'humanité.

Et maintenant que le problème est ainsi posé dans toute la généralité transcendante de sa formule à la fois analytique et synthétique, abordons la solution, passons à la pratique : car vous savez que si nous avons horreur de quelque chose, c'est bien de cette idéologie ou de cette psycologie perdue dans les nuages, et qui ne peut venir, ni ne pense même à venir se résoudre dans le fait, dans l'acte, dans la réalisation. — Venons donc à la solution, à la pratique.

Eh bien ! que nous dit la pratique ? — La pratique nous dit, —et certes la raison et l'intelligence parlent bien d'accord avec elle, —que les besoins et les intérêts matériels, qui sont les plus bas *en titre* dans l'ordre des besoins et des intérêts généraux de la nature humaine, sont ceux dont les appétits sont les plus impérieux, les plus sujets à révolte, les plus *vulgaires* ou universellement répandus; qu'ils sont, par conséquent, les premiers à satisfaire dans l'ordre de la réalisation de l'Harmonie totale. Et cela doit être ainsi, par la bonne raison que, ces besoins étant de plus bas titre, les caractères et les natures individuelles chez lesquelles ils parlent plus fort que les besoins d'un ordre plus élevé, doivent être et sont en effet bien plus nombreux dans l'ensemble des caractères humains, que les caractères de haut titre : attendu que dans une armée, les *soldats* sont et doivent être plus nombreux que les *colonels* et les *généraux*.

§ VI.

Absurdité intime des Doctrines de *sacrifice*.

Eh certes! personne ne sait mieux que nous, Apôtres en mission dans un monde qui nous a présenté jusqu'ici plus de fiel, de vinaigre et d'amères dérisions, que d'eaux rafraîchissantes et de joies, personne ne sait mieux que nous qu'il est des natures susceptibles de dévouement, d'abnégation des appétits inférieurs, capables d'accepter les privations de l'ordre matériel et même de l'ordre affectif, en vue des satisfactions plus hautes :—mais ces natures sont des natures supérieures, et toutes les natures ne sont pas supérieures. — Et voilà d'abord ce qui fait que les doctrines d'abnégation, qui nient des faces entières de la nature humaine, et excluent, par le fait, la grande majorité des natures individuelles chez qui ces faces prédominent, sont tout-à-fait inapplicables à la somme des individualités qui composent l'humanité; et, par conséquent, fausses et absurdes en pratique.

Elles sont, par là même, fausses et absurdes en théorie; —eelles le sont d'ailleurs encore, puisque le mot *abnégation* et ! mot *dévouement* dans le sens *sacrificateur* que ces doctrines lu donnent, impliquent nécessairement souffrance d'une portion d la nature de celui même qui dévoue cette portion, qui en sacrifi. les jouissances en vue de jouissances appartenant à un ordr plus élevé de sa nature. Ainsi, ces doctrines impliquent lutte guerre, et par suite révolte des élémens constitutifs de la natur humaine les uns contre les autres; tandis que le *but final de so* organisme complet, et l'*Ordre* dans la haute acception du mot ne peuvent résulter, en rigoureuse logique, en littérale signifi cation même, que de la convergence mesurée, du concert d tous ces élémens. L'homme n'est pas fait pour la souffrance donc ces doctrines de souffrance sont fausses.

Quoi donc! vous professez ce blasphème que la nature hu maine faite par Dieu, — car apparemment c'est bien Dieu, pou vous, qui a originairement fait la nature,—est une nature *mauvaise;* et vous vous plaisez à la dire, dans une triste acception, pétrie de sang et de boue! Dans votre étroite hypothèse où les contradictions vous pressent de toutes parts et vous écrasent, vous êtes réduits à expliquer votre dogme infernal, qui suppose que Dieu aurait lié l'amour et l'intelligence à une matière prétendue infâme, — comme Mézence attachait la vie à la mort, l'homme vivant corps à corps et face à face au cadavre;— vous êtes réduits à expliquer ce dogme hideux et infernal *par une prétendue faute antérieure,* INCONNUE! comme si, pour vous-mêmes, l'amour et l'intelligence *purs* auraient pu faillir! comme si une dégradation originaire n'aurait pas d'ailleurs sa source et son origine, sa cause et son principe, en Dieu cause et principe, en Dieu source et origine! comme si,—en restant toujours dans la sphère de vos propres idées —, il pourrait y avoir *expiation* pour une faute effacée, pour une faute qui ne se rattache pas même à la réalité et à l'existence par le souvenir !...

Eh quoi! — encore dans la sphère de vos idées, — vous n'avez pas su comprendre que pour assurer au principe spirituel sa domination — légitime dans l'ordre hiérarchique des principes — sur le principe matériel, il faut que le premier, qui est actif et recteur, pourvoie aux exigences et aux conditions du second, qui est passif et régi ? Vous n'avez pas compris que ce second principe, que, dans l'ordre de la Naturalisation, vous appelez dédaigneusement *la bête*, entrave fatalement les mouvemens du principe que vous appelez seul *divin*, dans votre conception maigre et rétrécie d'une Divinité extérieure à l'univers et à sa ou ses substances ?

Ah ! vous n'avez pas compris encore que *la bête* se révolte fatalement contre l'*esprit* et l'enchaîne, quand l'esprit, dans sa superbe, méconnaissant les besoins *légitimes* ou *naturels* de l'ordre inférieur, et les lois premières de l'Harmonie universelle, prétend orgueilleusement enchaîner et écraser ces besoins? — Vous n'avez pas su apprendre encore que c'est quand le *loup* est affamé, qu'il devient enragé et se jette sur l'Homme?....

Le lecteur observera que c'est seulement en consentant à parler un instant la langue absurde et choquante de la conception par nous combattue, que nous avons nommée du nom d'une *créature fausse et subversive* (1), l'une des parties constitutives

(1) Il ne faut pas voir une contradiction aux principes de l'Harmonie universelle, que nous exposons, dans cette dénomination de *créature fausse et subversive* donnée à une bête féroce *produite au sein de notre création actuelle.* La contradiction n'est qu'apparente, et ne résiderait pas dans nos idées, mais bien dans la différence de nos idées et des idées antérieures de celui qui croirait voir là une contradiction. Pour le démontrer, il faudrait entrer (et nous ne pouvons le faire ici) dans une grande question *cosmogonique*, que nous n'appellerons pas, comme on l'a sottement fait jusqu'ici, la question de l'*origine du mal. Le mal* EST, donc il est *un des élémens constitutifs de l'Ordre universel.* Dès lors, ce qu'il faut chercher, c'est *la Loi de combinaison du bien avec le mal* dans l'Ordre universel, la dos pour laquelle le mal entre dans cet Ordre, et la raison pour laquelle il convient qu'il y entre, *sa loi et sa raison d'être*, enfin ; et non pas son *origine.* Poser la question cosmogonique dans ce terme de l'*origine du mal* est une chose absurde et idiote ; c'est la même chose que si l'on voulait chercher l'origine du bien, l'origine de l'Ordre, l'origine de Dieu, l'origine de la Substance incréée et de ses attributs incréés, l'origine de ce qui n'est pas *relatif*, mais *élémentairement constitutif du Tout absolu*,

de la nature de l'homme, de l'homme image de Dieu sur la terre, de l'homme la créature harmonique entre tous les êtres de notre création.

§ VII.

La satisfaction des besoins physiques est la condition élémentaire de la concorde sociale.

Nous croirions faire injure à l'intelligence de notre lecteur, en continuant l'argumentation contre la doctrine étroite que nous

en un mot, l'origine de ce qui n'a pas d'origine. — Ce seul terme, l'*origine du mal*, est une pétition de principe absurde; car ce terme suppose un état, antérieur à l'origine du mal, dans lequel le mal n'existait pas ; et alors, comment le bien, seul et absolu, aurait-il pu générer le mal ? La cause potentielle quelle qu'elle soit, qui, préexistant au mal, aurait généré le mal, aurait été déjà elle-même et nécessairement le mal. — La question de l'*origine du mal* renferme donc, constitutivement, une absurdité dans ses termes. Quand on s'obstine à résoudre des questions ainsi piteusement posées, et portant en elles, sans que l'on s'en aperçoive, un non-sens ou un sens faux, il n'y a rien d'étonnant à ce que l'on passe cinq mille ans à les travailler vainement, et à ce que l'on entasse les unes sur les autres, dans ce travail immense, de gigantesques sottises plus hautes que toutes les montagnes du globe. A pareille tâche, on perdrait l'Eternité.

Voici l'avantage que la langue logique, précise et rigoureuse de l'Algèbre, a sur nos langues vagues et incertaines : c'est que, quand vous avez mal posé une question, ou quand la question que vous avez posée contient des conditions *incompatibles*, vous n'avez pas fait dix pas, c'est-à-dire dix équations successives, que l'Algèbre vous répond nettement : *Votre question est mal posée*, ou, *votre question est absurde*. — Tenons donc prudemment notre œil intellectuel bien ouvert sur la position des questions, sur le point de départ. C'est malheureusement ce à quoi l'on ne songe presque jamais, et c'est ce qui engendre et perpétue toutes nos disputes; car le difficile n'est pas de raisonner juste, et les hommes qui disputent et ne peuvent s'entendre, mettent assez souvent de la logique, de chaque côté, dans les déductions et les débats. — *Les questions bien posées sont toujours faciles à résoudre*, c'est la vérité que l'on ne saurait trop redire, c'est ce qu'il faudrait afficher ou écrire en grosses lettres sur tous les murs.

venons d'examiner. Nous avons suffisamment tordu et broyé ce spiritualisme exclusif et insensé; et l'on comprendra facilement que la révolte de l'esprit contre la matière est encore plus subversive que celle de la matière contre l'esprit; par la raison que la révolte de l'intelligence contre la chair, de l'ouvrier contre l'instrument, du supérieur chargé de prévoir et d'ordonner contre l'inférieur qui doit recevoir, du roi contre le peuple, est plus illégitime que la révolte inverse. Toute révolte d'un élément contre un autre élément est illégitime; il n'y a de légitime que l'accord, l'harmonie, le libre et complet développement, l'Ordre: et nous le répétons, toute révolte étant contraire à l'Ordre, celle du principe intelligent est plus foncée en subversion que celle du principe inintelligent.

Ah! mon Dieu! ces spiritualistes! A en croire les phrases aristocratiques dont ils décorent leurs livres éthérés, on dirait qu'il ne mangent, ne boivent, et ne dorment! Ils se nourriraient de contemplations! — C'est que pas du tout; ils sont, pour la plupart, gourmands, sensuels, *licheurs*, — si l'on voulait me pas cette forte expression vulgaire qu'ils méritent; — gras, frais e nourris comme des moines. On sait tout cela : on pourrait nommer les masques....

Quant à ceux qui pratiquent, qui donnent leur manteau à leur frère qui souffre du froid, qui partagent leur dîner avec leur frère qui souffre de la faim, — c'est le petit nombre des honorables (1); — il n'y a qu'une chose à leur demander, c'est à savoir s'il ne conviendrait pas que tous leurs frères fussent à l'abri du froid et de la faim, et qu'ils pussent, eux, garder leur manteau contre le froid, et manger à leur appétit au somptueux banquet où mangeraient leurs frères; plutôt que de laisser se perpétuer toutes les misères qui provoquent leur honorable mais impuissant dévouement? Désireraient-ils par hasard que la lèpre de la misère restât attachée endémique sur les masses, pour qu'ils conservassent, eux, le plaisir de se donner des privations en soulageant çà et là quelques souffrances dans le nombre?

(1) En général, ceux-là ne sont pas ceux qui écrivent des livres sur iritualisme et le dévouement.

Faudrait-il voter la persistance des maladies, à l'intention de réserver aux médecins quelques occasions de guérir? — Nous ne le croyons pas. Et si nous trouvons cette opinion, — ELLE A ÉTÉ ÉMISE, — *que Dieu a voulu providentiellement la permanence de la pauvreté et de ses douleurs, pour offrir aux riches des moyens de salut par l'exercice de l'aumône et de la charité;* si nous la trouvons, dis-je, singulièrement niaise, nous devons ajouter que nous la trouvons, plus singulièrement encore, — infâme....

Pense-t-on d'ailleurs qu'au sein de la richesse générale et de l'Harmonie sociale *dont elle est la première condition pratique,* l'homme ne puisse pas exercer son amour pour les autres, bien mieux encore qu'au sein des privations individuelles et des souffrances générales? Quand tous les hommes seront heureux, tous les hommes s'aimeront. Dieu n'a point mis fatalement la haine au cœur de sa créature privilégiée, de la noble créature qu'il a préposée VICE-DIEU sur la terre!

La haine n'est qu'un effet subversif et secondaire, une émanation des misères temporaires engendrées dans les sociétés embryonnaires et lymbiques qui ne sont et ne peuvent être la Destinée normale de l'homme, le *but final* de la création... A nous donc ceux qui se rallient à cette intelligente et religieuse croyance! à nous pour réaliser l'œuvre de l'Harmonie! et le mal sera bientôt vaincu par la puissance de l'homme! et les autres n'auront pas long-temps encore à outrager Dieu par leurs dogmes impies.... nous les délivrerons de leurs misérables croyances.

Ainsi, nous sommes en droit de rentrer dans la spécialité de cet écrit, en concluant par cette conclusion :

Que, quand les abeilles ont de la nourriture, des fleurs et du miel, elles travaillent de concert, s'aiment entre elles, et que l'Ordre règne dans la ruche: — et que, quand la saison rigoureuse les surprend avant que leurs magasins aient été remplis par leur travail prévoyant, la fin de la consommation des provisions est le signal de la guerre : elles se dévorent entre elles, et la ruche est bouleversée par le génie des Révolutions.

Cette conclusion démontre que, dans l'ordre des réalisations pratiques, la concorde, l'accord général, l'Harmonie des relations sociales, l'Ordre enfin, doivent être assis, d'abord, sur un développement fécond en richesses, et sur l'accord des intérêts matériels.

§ VIII.

On est prié de ne pas confondre.

On aura remarqué, ici encore, que notre procédé pour arriver à la solution des questions est toujours le même : nous avons fait voir, au commencement de cet écrit, qu'en Politique il est absurde de vouloir exclusivement l'Ordre ou la Liberté ; nous avons pris parti pour l'un et l'autre à la fois. Et nous venons de montrer que, dans une autre sphère, il est absurde de se passionner pour un spiritualisme exclusif, aussi bien que pour un sensualisme exclusif ; mais qu'il faut satisfaire à la fois les exigences légitimes de ces deux aspirations.

Et certes, on voudra bien ne pas confondre cette large et vitale théorie, dont le premier effet est de provoquer l'action, de passer à la sphère des réalisations en indiquant tout d'abord l'ordre dans lequel elles doivent s'opérer, et en présentant bientôt les moyens d'exécution ; on voudra bien ne la pas confondre avec cet *Éclectisme* qui est venu, dans ces derniers temps, dire au monde que le spiritualisme, le sensualisme, toutes les philosophies et tous les dogmes *étaient des manifestations humaines*, qu'il les bénissait toutes également ; et qui, après cette stupide bénédiction étendue sur toutes ces manifestations *hostiles* et *subversives*, s'est croisé les bras et niaisement endormi..... Voyez donc comme cette bénédiction et ce sommeil de la vénérable Philosophie éclectique ont avancé les affaires de l'humanité !

Elle est allée même jusqu'à dire, par la bouche de ses prêtres et de son pontife, qu'elle avait tout dit, que ce qu'elle avait dit *expliquait* tout, et qu'après cela il n'y avait plus rien à dire.!!!——

Voilà : les idées continueront à se produire, elles se combattront
les plus fortes seront les plus fortes, les plus faibles seront le
plus faibles, celles qui auront le dessus auront le dessus, celle
qui auront le dessous auront le dessous; et ce sera très bien : il
n'y a rien à y faire, ni rien à faire. C'est pourquoi l'on n'a plu
qu'à clore les paupières et à s'endormir.... Dors donc, bonn
Éclectique; que tes rêves te soient doux et ton sommeil paisible
Et nous tous protégeons son repos pour nous reconnaître d
ses bienfaits, et veillons fidèlement sur celle — qui nous a tou
expliqué....

On invite ceux qui auraient connaissance de quelque niaiserie
plus niaise à venir la dire.

Qui ne se rappelle la fameuse formule de l'éclectisme sur les qua
tre manifestations, spiritualiste, matérialiste, mystique et scep
tique ; la formule : *Elles* sont, *donc elles sont justes*; *elles* sont
quatre, *donc elles sont fausses* !!?— Tout l'Éclectisme est dans
cette arlequinade. — Quel *criterium* nous offrez-vous pour sé-
parer le faux du juste dans ces doctrines qui sont à la fois
fausses et justes? quelle théorie nous offrez-vous pour réaliser le
juste et écarter le faux ? — Notre *criterium*? c'est le bon sens de
l'humanité : notre théorie ? c'est le bon sens de l'humanité;
nous sommes la *philosophie* du bon sens! — Mais, messieurs,
est-ce que le bon sens de l'humanité a empêché et empêche le
faux de se produire, et une doctrine, une philosophie *signifient-
elles quelque chose* si elles n'ont pour effet d'empêcher le faux
de se produire ? Qu'est-ce donc que votre doctrine *qui n'a
pas même cet effet pour but* ??? !!! — votre philosophie du bon
sens n'a pas de bon sens.

§ IX.

L'harmonie des intérêts est le problème de l'*Économie sociale*.

Ce qui fait le mauvais sens du mot *égoïsme*, ce n'est pas
l'idée *d'amour de soi-même*, contenue dans ce mot; car il est
très naturel et légitime de s'aimer soi-même, et aucune créature ne peut ni ne doit s'affranchir de cet *amour de soi* qui est

la condition même de son individualité et de son existence.
L'homme *le plus anti-égoïste* ou *le plus dévoué*, ainsi que nous
l'avons vu et qu'il est clair, ne fait que placer sa propre satisfaction dans des œuvres utiles et bonnes aux autres, au lieu de
la placer exclusivement, comme l'égoïste, dans des œuvres
utiles seulement à lui-même; mais ce n'est toujours là qu'un
mode particulier d'exercer *l'amour de soi*, un mode conforme
aux attractions dominantes de celui qui exerce dans ce sens cet
attribut imprescriptible de sa nature. Le mauvais caractère
présenté par le mot *égoïsme*, réside donc seulement en ce qu'il
exprime que *l'égoïste* exerce *l'amour de soi* au DÉTRIMENT
DES AUTRES, qu'il sacrifie les intérêts des autres à ses propres
intérêts.

Il résulte de là, sans contestation, que *l'égoïsme* ne peut
naître que dans un milieu où les intérêts particuliers sont divergens, opposés, contradictoires, cacophoniques. Car dans un
milieu où les intérêts particuliers seraient convergens, liés et
symphoniques, *l'amour de soi* — qui, dans le cas précédant,
entraîne, chez la plus grande partie des individualités humaines,
l'égoïsme, l'hostilité contre les autres, — ne pourrait plus moti-
ver, chez ces individualités, que l'amour des autres individualités
dont l'activité serait devenue consonnante aux désirs des premières.

Ce principe, parfaitement conforme aux conclusions de l'anté-
précédent paragraphe, nous installe dans la question de l'*Économie sociale*, qui consiste à fournir les moyens d'opérer la *convergence des intérets* sur laquelle doit être assise l'harmonie de
toutes les relations humaines.

§ X.

Détermination de la base d'opération de l'*Économie sociale*.

« Mais, «dira-t-on,» vous avancez des choses fort justes, vos
principes sont excellens, il n'y a rien à y redire; mais, mais,
mais... » — « Eh bien? » — « Il résulte de ce que vous dites que,
— les intérêts soit particuliers, soit généraux, étant opposés
entre eux d'individus à individus, et de nations à nations dans

le monde entier, — il faudrait, pour opérer le bien que vo
signalez, remplacer les myriades de fausses combinaiso
sociales qui règnent sur le globe, par une bonne combinaiso
universelle; et comment voulez-vous que cela puisse se fair
Comment voulez-vous opérer une transformation socia
depuis les latitudes de la *Terre de Feu* jusqu'à celles du *Groë*
land ? hélas votre belle Idée vient se briser contre la fatalité d
faits ! »

Nous aurions bien des choses justes à répondre à cela : ma
voici à quoi nous bornons notre réponse :

— Vous trouvez le Monde trop grand pour que nous pension
à lui appliquer intégralement cette Idée ? alors, prenons seule
ment une nation, la France, comme font tous les autres Partis
vous n'avez pas de raison à alléguer là contre. Le *Parti Socié*
taire a tout autant le droit de prétendre appliquer à la Franc
son Idée qui est juste, que les autres Partis peuvent en avoir
lui appliquer les leurs qui sont fausses; vous ne pouvez refuse
cela. — Va pour la France.

Hé bien ! c'est nous, maintenant, qui trouvons la France trop
large pour cette application ! — Vous voilà bien obligés de nou
permettre la prétention à agir sur une Province; puisque vou
nous aviez concédé, pour la France, les droits dont jouissent e
usent tous les autres.

Mais voici qui est bien mieux ! nous ne voulons pas d'une Pro
vince!.. c'est trop grand. — Un Département ? — S'il vous plaît,
ce sera moins encore. — Un Arrondissement ? Eh non, mon
Dieu ! simplement une petite Commune...

Une Commune ! —

Si vous avez trouvé déjà en *théorie* notre Politique plus sage
que la vieille Politique, vous confesserez volontiers qu'elle est
bien plus sage encore en *pratique*; puisque la vieille Politique
n'a pas assez de grands Empires à bouleverser pour faire ses
expériences, et que l'Idée sociétaire ne veut pas plus d'une
Commune, *une lieue carrée de terre*, pour faire son expérience
tout organisatrice.

A la vérité, — il faut être franc et dire les choses — : l'Idée sociétaire est certainement très sage dans sa manière de procéder à son incarnation; mais si on la trouvait, pour autant, humble et peu ambitieuse, il y aurait quelque erreur en cela; car le jour où elle aura mis le pied dans une Commune, le jour où elle sera maîtresse d'une lieue de terrain... dès ce jour-là, le Monde est à elle.

§ XI.

Pourquoi.

Oh mon Dieu! ce n'est plus qu'une très petite question de temps, et le Monde est à elle; voici pourquoi:

Qu'est-ce que c'est que le Monde? — C'est, en gros, l'Europe, l'Asie, l'Afrique et l'Amérique.

Prenons l'Europe. Qu'est-ce que l'Europe? — Un composé de Nations. — Qu'est-ce qu'une Nation? — Un composé de Provinces; et, sans passer par plus de termes intermédiaires, une Province est un composé d'agglomérations élémentaires que, dans notre langue, nous appelons *Communes*.

La France, c'est un ensemble de quarante mille Communes.

Ce que nous disons ici est certainement d'une grande simplicité, c'est même naïf; pourtant, veuillez y faire bien attention. — Avez-vous admis qu'une nation, qu'un peuple ne vit pas d'un seul bloc; que l'agrégation générale se compose d'agrégations partielles successives qui viennent se résoudre, en définitive, dans un DERNIER TERME lequel n'est plus une *agrégation composée d'agrégations partielles moins fortes,* — comme la Province est une agrégation de départemens, — mais bien une *agrégation* composée D'HOMMES, L'AGRÉGATION DES INDIVIDUS VIVANT CÔTE A CÔTE, FACE A FACE, ENSEMBLE SUR LE MÊME SOL.

N'est-il pas vrai dès lors que cette agrégation première, — que nous supposerons, en moyenne, assise sur une lieue de terrain, et forte de quinze cents à deux mille âmes, — est l'alvéole élémentaire de la ruche sociale? et si nous l'appelons *Commune,*

9

la Nation est-elle autre chose qu'un *total*, une *somme* de Communes groupées en Arrondissemens, en Départemens, en
Provinces autour de leurs centres particuliers, c'est-à-dire,
autour de leurs *chefs-lieux*, de leurs *capitales successives*?

  La Commune est donc *l'unité sociale*. Une nation composée
d'arrondissemens, de *départemens*, de *provinces*... n'est toujours qu'une collection de *Communes*; comme un nombre composé de *dizaines*, de *centaines*, de *milles*... n'est toujours qu'une
collection D'UNITÉS.

  Or, si une nation, une société, — si la *Société* n'est qu'une
collection de Communes élémentaires, vous voyez bien que
l'Idée sociétaire venant à s'incarner dans une seule Commune
et à y réaliser ses bienfaits, l'Idée sociétaire, comme nous le
disions, est dès lors maîtresse du Monde.

  Si on vient à vous faire en France, sur un terrain qu'on aura
acheté, une Commune dans laquelle tous les intérêts soient unis
et serrés en faisceau; tous les habitans, hommes, femmes et
enfans, ralliés, quels que soient leurs rangs et leurs fortunes,
dans l'œuvre de la prospérité commune, et ardens à cette œuvre;
où les plus pauvres jouissent d'une grande aisance; où les riches
trouvent à doubler et à tripler leurs fortunes et leurs jouissances,
et cela au grand contentement des précédens; où toutes les apti-
tudes, toutes les vocations soient développées par une large éducation étendant ses bienfaits variés sur tous les enfans; où
chacun soit parfaitement libre dans ses goûts et son individualité;
où chacun, femme comme homme et même enfant, ait devant
soi, à sa portée, plus de places lucratives et honorables qu'il
n'en peut remplir, plus de chances d'avancement qu'il n'en peut
épuiser, et dans des fonctions toutes attrayantes; où un exercice
varié, équilibré, et harmonique des facultés du corps et des
facultés de l'esprit, joint à un régime hygiénique et gastroso-
phique parfait, entretienne chacun en vigueur et en santé; où
les services mutuels, les douces et vives affections, les ardens
esprits de corps, circulent dans la masse, l'échauffent, et la
fassent vivre comme un seul hommme *d'une vie sociale orga-*

nique; où se dilatent et bondissent librement toutes les joies dont Dieu a mis les germes et les désirs en nos cœurs; où il y ait enfin plus de bonheur *réalisé* qu'on n'en a su imaginer dans aucun des paradis décrits jusqu'à ce jour...

Je demande bien pardon de tout ce que je viens de dire; j'en ai trop dit, beaucoup trop : car enfin il est bien convenu que si Dieu a mis en nos cœurs l'indéfectible et brûlant désir de bonheur qui est l'unique mobile de nos actions, qui comprend et exige toutes ces choses que je viens d'indiquer, et encore beaucoup d'autres, Dieu l'a fait uniquement pour nous tourmenter et se moquer de nous, *ses créatures*. Il est vrai que c'est de sa part encore plus bête que cruel, et qu'il n'y a peut-être pas sur la terre aujourd'hui un homme assez misérable pour en avoir fait autant, s'il se fût trouvé à sa place; mais qu'y faire? Si l'on veut absolument que Dieu ait décrété providentiellement la permanence de la misère et de la haine, qu'il se soit formellement opposé à ce que nous pussions trouver ICI le bonheur QU'IL NOUS FAIT DÉSIRER ICI, il faut en prendre son parti, dire à Dieu franchement son affaire, comme nous venons de l'indiquer, et penser que nous autres qui croyons à la possibilité de réaliser ce que nous énoncions tout à l'heure, et peut-être bien mieux encore, eh bien! que nous sommes des fous, des imbéciles, ou, —si l'on veut parler poliment, — des bons cœurs égarés, d'honnêtes rêveurs.

Soit! je le veux bien. — mais pour le moment, voici tout ce que je voulais dire : *c'est que si, un jour de l'année* 1837 *ou* 38 *l'Idée sociétaire appliquée à l'organisation d'une Commune, je suppose, réalisait ce que nous avons dit tout-à-l'heure, dès l'année* 1837 *ou* 38, *le monde appartiendrait à cette Idée.*

§ XII.

Rien ne pourrait empêcher le bonheur d'envahir le Monde.

Quelle force concevriez-vous qui pût empêcher *les trente-neuf mille neuf cent quatre-vingt dix-neuf autres Communes* de *France* d'imiter la première, pour jouir du même bonheur et multiplier leurs prospérités les unes par les autres ? — Et qui pourrait empêcher les Russes, les Américains et tous les peuples d'en faire autant ? — Par le fer et le feu, Bonaparte, Alexandre, César, ont conquis en quelques années un quart du monde : le bonheur est bien autrement rapide que le fer et le feu, que Bonaparte, Alexandre et César, en envahissemens et conquêtes : aucun être ne peut lui résister , tous l'appellent et le servent. — C'était là tout ce que je voulais dire.

§ [XIII.

S'il est vrai que la *Nation* soit *un composé de Communes* , la Politique est mystifiée (à moins que l'on ne préfère dire qu'elle nous mystifie).

C'était là tout ce que je voulais dire... non. — Je veux ajouter encore un mot à l'adresse de messieurs de la Politique qui se moquent de nous. Voici ce mot :

Si la Politique n'envisage pas , pour but de son action , la prospérité et le bonheur de la société en général, ou au moins de la nation, il n'est pas nécessaire de démontrer qu'elle est absurde : nous n'aurions pas à aller plus loin.

Mais elle prétend qu'elle travaille à la prospérité et au bonheur des nations; dès lors son *but* est bon : il n'y a plus absurdité dans le but qu'elle se propose : et si pourtant elle est absurde, il faut alors que l'absurdité réside dans le *moyen* qu'elle prend pour atteindre son but. Et, en effet, c'est ainsi

C'est ainsi, en effet, dis-je; car si la nation est un composé une somme de Communes, comme un nombre est un composé une somme d'Unités, il est clair comme le jour que les moyens de bien-être, de prospérité, de force d'une nation , ne peuvent être, avant tout, que les moyens du bien-être, de la prospérité de la force des Communes qui la composent.

Si donc une Théorie qui prétend faire le bonheur d'une nation, ne propose pas les moyens, ne s'occupe seulement pas des moyens d'organiser le bonheur dans la Commune qui est l'élément de la nation, il est évident que cette théorie est absurde, ridicule, niaise, stupide, idiote (je parle de la Théorie et non de ses partisans).

Or, c'est précisément le cas de la Politique, de tous les Partis politiques, de toutes les opinions politiques, — lesquels nous trouvent absurdes, ridicules, niais, stupides et idiots, parce que nous soutenons que le moyen de faire le bonheur de la nation n'est pas d'avoir un gouvernement monarchique, constitutionnel, ou républicain; de changer la forme du gouvernement de la nation, en laissant *telle quelle* l'organisation des Communes qui constituent la nation; mais bien de produire d'abord un moyen d'organiser la prospérité dans ces Communes ! — Que nous méritons bien le nom *d'utopistes insensés*, en disant que pour avoir une armée forte et disciplinée, il faut songer à rendre fortes et disciplinées, d'abord, les compagnies qui composent cette armée !!! — C'était là ce qui nous restait à dire.

Quand nous faisons la petite théorie que nous venons d'établir, à des Régénérateurs, Politiques, Saint-Simoniens, ou autres Régénérateurs (les Régénérateurs foisonnent aujourd'hui; il y en a un sur chaque pavé), — ceux d'entre eux qui veulent bien nous faire la grâce de nous écouter, mais qui ne veulent cependant pas se tenir pour et s'avouer battus, nous répondent : « Eh bien! oui, mon Dieu! il y a du vrai dans ce que vous di- » tes; et, après tout, nous ne différons qu'en cela seulement » que vous voulez faire *en petit*, et que nous, nous voulons faire » *en grand*. Nous voulons faire par le Gouvernement, vous par » les Communes. Au fond c'est la même chose. »

Nous demandons pardon à ces messieurs. Ce n'est pas du tout la même chose :

Parce que le laboureur, qui tient la queue de sa charrue et qui fouette ses bœufs, diffère essentiellement de celui qui tiendrait la queue de ses bœufs et fouetterait sa charrue;

Parce que les constructeurs qui posent les fondemens d'une

maison et bâtissent sur ces fondemens, diffèrent essentiellement de ceux qui voudraient commencer par faire tenir en l'air le toit de la maison, et qui, préalablement, disputeraient et se battraient à propos de la forme de la girouette d'or ou de fer-blanc dont ils voudraient, avant tout, couronner le faîte de leur maison ;

Parce que tous les maçons et les simples gâcheurs savent bien qu'il y a une extrême différence — à poser d'abord l'assise de base d'une pyramide ou d'une voûte, puis toutes les autres assises successivement jusqu'à la clef de voûte, ou à la pierre angulaire du sommet, — ou bien à prétendre poser d'abord cette clef ou cette dernière pierre de sommet, et successivement toutes les assises jusqu'à l'assise de base.

D'ailleurs, — quand encore tous ces procédés différens reviendraient au même *au fond ;* quand encore il reviendrait au même de commencer par finir, ou de commencer par commencer, — il n'y aurait pas moins une très notable différence entre ceux qui savent et disent COMMENT tailler, poser, assembler les pierres et les assises successives, COMMENT bâtir la pyramide, la voûte et la maison ; — et ceux qui ne savent pas même s'entendre sur leur pierre angulaire, leur clef de voûte ou leur girouette ; qui ne savent pas même mettre une gâchée de mortier à leur voûte, à leur pyramide ou à leur maison ; qui n'ont pas même un *procédé*, un *plan positif et établi* A PRÉSENTER ni sur l'organisation du Gouvernement, ni sur l'organisation de la Commune ; qui ne s'entendent sur rien, qui ne savent rien, absolument rien, — si ce n'est disputer, brétailler, babiller, sur tout mal à propos, et faire croître à vue d'œil le désordre, la haine entre les gouvernés et les gouvernans, le budget, la gendarmerie, l'égoïsme, la misère et les révolutions.

Malgré la meilleure volonté du monde, il y a bien là une différence, et ce n'est pas la même chose, — *même au fond.*

§ XIV.

Vanité d'une prétendue réaction catholique.

Voilà donc où nous sommes parvenus : — tous les Partis politiques, toutes les opinions politiques et tous les hommes politiques divaguent.... C'est un théorème démontré. — Pour être dans la question, il faut s'occuper d'accorder les intérêts divergens, et savoir, avant tout, de quelle façon opérer l'accord dans le sein de la Commune. Les plus beaux articles de journaux, les plus beaux discours de tribune, ne sont que du barbouillage, s'ils n'ont pas pour but de jeter du jour sur ces problèmes.

J'aurai rempli la tâche que je me suis proposée ici, si j'ai fait admettre cette proposition aux hommes d'intelligence et de bon vouloir; si j'ai fait comprendre comment la question sociale doit être élémentairement posée, et ce qu'il conviendrait de substituer enfin aux vaines querelles de la Politique.

De cette Politique, on en est fatigué. Elle tombe en discrédit, cela est sûr.

Mais voilà qu'au désillusionnement qui a été la conséquence de la révolution de Juillet, quelques uns reconnaissant l'impuissance du libéralisme à rien produire, à rien créer, se sont mis à retourner en arrière, à demander à un passé trépassé ses moyens usés, battus, démolis. Écoutez! voici la grande restauration du christianisme, voire même du catholicisme! Voici que notre société du dix-neuvième siècle va se remettre à croire à l'enfer; elle va reprendre sa foi ancienne — comme un habit que l'on a quitté un jour et que l'on remet le lendemain !..... Un dogme mort ne ressuscite pas; on ne refait pas le passé. Et puis, si ce n'était qu'une erreur d'honnêtes gens ! Mais, hélas ! pour le plus grand nombre de nos restaurateurs de christianisme d'aujourd'hui, il s'agit purement d'un trafic littéraire ou d'un moyen de fatuité. Il y a des dandies au café de Paris et au bal de l'Opéra qui se disent chrétiens et catholiques, parce que leur épicier est incrédule. Or, ils sont encore plus ridicules que leur épicier.

Quant au petit nombre de gens sérieux et de bonne foi qui peuvent pousser à la restauration dont est ici question, il faut leur dire que si le christianisme a eu la société entre les mains pendant dix ou douze siècles, et qu'il l'ait laissé échapper, c'est qu'il n'avait pas puissance de donner satisfaction à ses besoins. S'il a été battu, c'est qu'il n'était ni très propice, ni très fort; car s'il eût été très propice à l'homme, l'homme ne se fût pas révolté contre lui, et s'il eût été assez fort, il n'eût pas été battu. — Possédant tout, il a été dépossédé; et maintenant qu'il est vieux et caduc, maintenant que l'humanité se tourne à des idées de richesse, d'industrie, de jouissance; maintenant que, malgré ses erreurs et ses maux, elle sent sa vie et veut un bel avenir, comment voulez-vous qu'elle revienne aux dogmes sombres, terribles et absurdes de son passé? Elle veut jouir, et vous lui rapportez la résignation, le sacrifice, la religion de la souffrance! Elle veut savoir, et vous lui rapportez des mystères! des mystères encore dont elle a depuis long-temps laissé la croyance! Mais tout cela était déjà bien difficile à faire accepter en des temps passionnés et mystiques; et la tentative aujourd'hui n'est plus qu'une simplicité quand elle n'est pas une rouerie.

Une religion n'est pas chose qui se raccommode et se restaure; elle se fonde une fois, et même, pour la fonder, il faut d'ardens et dévoués apôtres, souvent des martyrs, et non de mercantiles littérateurs, des dandies ou des philosophes débonnaires.

Jésus-Christ a eu un but: *établir le lien des hommes entre eux sur la terre, et le lien de l'humanité avec Dieu.* — Pour réaliser ce but, IL FALLAIT DES MOYENS.

Le christianisme n'a pas fourni ces moyens.

Le christianisme s'est divisé en mille et mille sectes, qui ont eu mille et mille doctrines, ou plutôt, il y a eu mille et mille christianismes complètement hétérogènes et hostiles. Aujourd'hui, il y a dans les rangs du catholicisme lui-même autant de doctrines différentes que d'individus; vous ne trouveriez pas deux hommes qui s'accordassent, — de ceux qui pensent un peu —, sur les questions les plus graves, les questions de principe, des questions de vie et de mort pour le catholicisme. La plus grande partie des catholiques d'aujourd'hui ne sont réellement catholiques que de nom, car ils ne font pas difficulté d'admettre des principes qui renversent complètement le catholicisme. — Mais on se sauve en faisant des accrocs à la logique. On soutient des propositions anti-catholiques, et l'on soutient en même temps que l'on est catholique. — C'est un genre.

Or, toutes ces sectes, toutes ces doctrines opposées et hostiles, tous ces christianismes hétérogènes qui ne sont que des opinions humaines incertaines et flottantes, *ont-ils fourni le moyen de réaliser le but de Jésus* : le lien des hommes entre eux, et des hommes avec Dieu? — Non, puisque aujourd'hui les hommes sont divisés entre eux, puisqu'ils se volent, se grugent, se haïssent, se dévorent à belles dents, et se soucient fort peu de Dieu et de ce qu'il en peut dire. — Essayez donc de supprimer la gendarmerie, les tribunaux, les prisons et les bagnes, pour voir si le lien des hommes entre eux, et des hommes avec Dieu, est réalisé chez nous — après nos dix-huit cents ans de christianisme !

C'est que ces christianismes, si nombreux qu'ils aient été, ne se sont, ni les uns ni les autres, occupés de remédier au mal en *allant à sa racine*. Ce qui produit l'hostilité des hommes, c'est, en premier lieu, l'hostilité de leurs intérêts. Mettez d'abord ces intérêts d'accord, ralliez les intérêts entre eux, si vous voulez que ces hommes soient d'accord et ralliés entre eux. Produisez un *procédé social* de bonne combinaison des intérêts. — Si vous voulez la fin, cherchez les moyens.

Or les sectes chrétiennes n'ont jamais produit la moindre doctrine *sociale;* jamais elles ne se sont avisées d'aller à la cause du mal, de détruire la cause des discordes et des haines. Elles se sont toutes renfermées dans des doctrines purement *indivi-*

duelles. Elles ont laissé les causes sociales du mal, de la haine sans y rien toucher, sans s'en inquiéter, sans y regarder; elle se sont bornées à des maximes, à des recommandations; elle ont répété pendant dix-huit cents ans à l'individu : Evite le ma ne hais pas, aime tes frères.

Tout cela est vain. Les hommes ne s'aimeront pas sur recom mandation pure et simple, tant qu'ils auront de puissantes c continuelles raisons de se haïr. Si vous voulez qu'ils s'aiment supprimez les causes de haine, faites qu'ils aient intérêt à s'ai mer; — ils s'aimeront alors sans tant de discours. Si vous vou lez la fin, cherchez les moyens, mettez-les en pratique.

§ XV.

Les intérêts opposés engendrent les haines ; — malgré les sermons.

Voici trois hommes qui se livrent à une même industrie. Leurs maisons sont voisines; ils s'enlèvent les uns les autres leur clientèle; chacun nuit aux intérêts des deux autres. Ces hom mes cherchent à s'écraser. A la ruine du premier correspon drait l'accroissement de prospérité des deux autres; à la ruine des deux premiers correspondrait l'apogée de prospérité du troisième. — Ces hommes sont pères de famille; il faut qu'ils soignent chaudement leurs propres intérêts; — si ce n'était pour eux une passion, ce serait un devoir; il ne s'agit pas ici de se sacrifier à ses voisins.

Voilà donc les trois maisons se défendant chacune contre l'en-vahissement des deux autres, et se portant chacune envahissante. Il n'y a pas moyen de se borner à la défensive. Ici, offensive et défensive sont mots synonymes et choses obligées. Il faut que ces trois maisons se fassent une concurrence d'enfer; c'est le résultat franc et forcé de la position des intérêts, de la fausse combinaison des choses.

Sur ce intervient la doctrine chrétienne, protestante ou catho-lique, luthérienne, calviniste, ultramontaine, gallicane, comme

vous voudrez. Apporte-t-elle un changement dans la position de
ces trois intérêts hostiles ? — Non : elle vient dire à ces trois intérêts concurrens « que les biens de ce monde ne valent pas ceux
» de l'autre ; qu'on gagne ceux de l'autre en sacrifiant ceux d'ici-
» bas ; qu'on doit aimer Dieu plus que soi-même , et son pro-
» chain comme soi-même pour l'amour de Dieu. »

Tous ces sermons-là n'empêchent pas la concurrence de se
faire , les procès, les haines et tout le reste. Et l'homme , ne
pouvant suivre les préceptes qu'on lui dit être LA *religion* , re-
nonce à être religieux. Voilà de beaux fruits ! — Si vous voulez
la fin , cherchez les moyens.....

§ XVI.

Les intérêts alliés disposent les hommes à s'aimer ; — sans les sermons.

Tout à l'heure, nos trois maisons séparées avaient leurs relations à elles, leur comptabilité, leur tenue de livres , leurs ateliers, leur organisation pour les arrivages, les transports, les
achats et les ventes, pour la fabrication des produits, etc. Nos trois
maisons étaient en concurrence et cherchaient à s'écraser. —
Voilà l'histoire de la société actuelle, où tous les intérêts sont
morcelés et aux prises les uns contre les autres; — d'où la
guerre; — la guerre sous toutes ses formes.

Or voici que l'on a fait aux trois chefs de maisons rivales
le raisonnement suivant :

« En ne formant qu'un seul établissement au lieu de trois,
» vous auriez seulement à faire une fois, sur une autre échelle,
» ce que chacune de vos maisons est obligée, dans le système
» *morcelé*, de répéter pour toutes les opérations de l'industrie
» commune. La concentration de vos capitaux vous assiérait
» sur une base large et solide qui étendrait votre action indus-
» trielle, et assurerait votre crédit. Les grandes économies de ce
» procédé vous permettraient de livrer vos produits à plus bas

» prix, et vous seriez ainsi, *à la fois*, plus utiles à votre pays
» et plus sûrs de bénéficier, etc., etc. »

A la suite de ces considérations, les trois maisons se réunissant
en *société actionnaire*, ont stipulé que le gain total sera réparti
au *prorata* de la mise en *Capital* de chaque coopérateur, sans
préjudice des parts spéciales dans les bénéfices, convenues pour
ceux des actionnaires qui ajouteraient à leur apport de *Capital*,
leur coopération en *Travail*, et en *Talent*. — *Ils sont associés.*

Voilà que nos hommes intéressés à s'écraser dans la combinaison de tout à l'heure, sont aujourd'hui, dans la comb inaison
nouvelle, unis entre eux et intéressés à s'enrichir les uns les
autres ; car l'un ne peut plus ni gagner ni perdre, sans que les
autres ne gagnent ou ne perdent dans le même rapport : — ils
sont associés. Tout à l'heure la ruine de l'un enrichissait les
autres ; maintenant la ruine de l'un ruinerait les autres, les
fortunes sont liées ; — à la bonne heure, maintenant, voici une
combinaison d'intérêts qui n'empêche plus que ces hommes
s'aiment : — ils sont associés.

§ XVII.

Le principe d'ASSOCIATION est la base sur laquelle seule on peut fonder
l'HARMONIE SOCIALE.

Le principe qui rend ainsi *solidaires*, qui *corporise* des
intérêts tout à l'heure opposés et divergens, c'est donc le principe de L'ASSOCIATION ; — et si l'on savait, et si l'on pouvait,
appliquer ce principe à TOUS les intérêts dans la Commune,
on aurait substitué à nos *Communes morcelées* où tout est caco-
phonie, misère et discordance, la *Commune sociétaire* où tout
serait ordre, organisation, richesse et accord.

Si donc on veut arriver à quelque chose, si l'on veut réaliser
le Bien, il faut avoir recours à ce PRINCIPE D'ASSOCIATION qui
porte sur les intérêts et fournit la bonne combinaison qui les unit,

en lieu et place de la mauvaise combinaison actuelle qui les divise.

Il ne s'agirait donc plus de continuer les sottes et funestes querelles politiques, ni de revenir par imbécillité à un passé mort et bien mort, et de lui demander les moyens usés, — qui n'ont au reste jamais eu valeur de constituer le Bien, même au temps de leur puissance :—en un mot il ne convient ni de continuer les batailles, ni de reprendre les vaines prédications : — Il convient de chercher L'ART D'ASSOCIER LES INTÉRÊTS, ET PAR SUITE, LES HOMMES.

Associer les individus dans la commune, associer les communes entre elles. Voilà tout le problème social. Or, ce problème, on fait preuve de bon désir, de désir humanitaire et religieux, en travaillant à sa solution théorique ou pratique. Mais les désirs de solution ne sont que de bons désirs et non une solution. *La solution ne peut être que le fait* D'UN SCIENCE. C'est cette science qu'il faut produire..... Cette Science est faite; c'est la Science que nous produisons.

§ XVIII.

Simple appel à l'examen et à l'expérience.

Ici nous ne demandons pas à être crus sur parole. Nous faisons peu de compte, en général, de toute affirmation vague, mal assise, non démontrée, et résultant d'une foi simple qui ne repose pas sur de bonnes preuves. L'homme a mis sur tant d'erreurs le sceau de sa *foi*, que nous estimons fort ridicule de *donner sa foi* à des choses qui ne sont pas démontrées et bien établies.

Aussi, après avoir prouvé avec quelque rigueur,—nous osons le croire—, que les Partis et les opinions, jeunes ou vieilles, qui occupent aujourd'hui les esprits, se débattent dans des routes fermées ou dirigées sur des précipices; après avoir montré combien mal ont été posées les questions jusqu'ici; comment elles doivent être posées pour que les solutions deviennent possibles, après avoir indiqué la voie sur laquelle il faut marcher, le principe qui doit guider, nous demandons que l'on veuille bien examiner la solution à laquelle on arrive par cette voie et par ce principe.

Comme nous n'aimons pas à être payés avec du vent et des paroles, nous ne voulons pas payer les autres en pareille monnaie; malheureusement cette monnaie a eu jusqu'ici un cours si effrayant, que chacun se défie des promesses nouvelles, et craint de subir en les écoutant une nouvelle déception. Cette crainte est bien légitime.

Certainement c'est un grand malheur que l'on ait mis en circulation tant de déception sous l'étiquette du *bien public*. C'est un malheur surtout que le mot d'*Association* ait été si misérablement gaspillé depuis quelques années par des gens qui avaient le désir de l'Association, mais qui comprenaient fort vaguement au moins la chose, et n'en savaient aucunement les moyens.

Pour avoir ignoré les conditions de l'Association en jetant ce mot au public, on n'a fait qu'ajouter un mot de plus, un mot vide et creux, aux grands mots vides et creux, — liberté, droits imprescriptibles, souveraineté du peuple, ordre, etc. — sur lesquels on frappe à si grand bruit depuis soixante ans. C'est un tambour de plus en France : et puis on s'en est si maladroitement servi que l'on a effarouché le pays. Ceux qui ont fait le plus de fracas avec ce mot d'Association, ont imaginé de produire comme moyen d'Association de monstrueuses théories sur la propriété, l'abolition de l'héritage, la concentration des propriétés et de tout pouvoir social aux mains d'une création de prêtres nouveaux; enfin une foule d'énormités qui, loin d'être des conditions d'Association, en sont de pures et franches négations. — C'est toujours le même résultat d'erreur que nous avons signalé au commencement de cet écrit : les amis de l'Association, ignorant les conditions de l'Association, ont été funestes à la cause de l'Association; comme les amis de l'Ordre et de la Liberté, ignorant les conditions de l'Ordre et de la Liberté, ont été respectivement funestes à l'Ordre et à la Liberté.

L'Association exclut l'idée de sacrifice. L'Association doit servir les intérêts de tous, donner à ceux qui n'ont pas, augmenter encore le lot de ceux qui possèdent. Toute théorie qui dépouille violemment ou qui demande des sacrifices volontaires n'est pas une théorie d'Association ; — si elle en prend le nom, c'est erreur ou mensonge. — Voilà la clause rigoureuse dont nous ne repoussons pas la rigueur pour l'appréciation de notre théorie, au contraire nous l'invoquons ; — nous ne voulons pas être crus sur parole, parce que nous avons de bonnes preuves à donner : et nous ne comprenons pas la foi sans l'intelligence.

Après tout, ici il ne s'agit pas de nous, mais d'une Idée dont il importe à tout homme dévoué à son pays et à l'humanité de vérifier la valeur. Ce ne sont pas des déclamations et des programmes idéologiques ou mystiques; mais des plans, des plans décrits, établis, des moyens proposés que l'on peut étudier et juger. Ce que l'on invoque ici, c'est l'examen d'abord, l'expérience ensuite. — Nous annonçons que des découvertes immenses de Ch. Fourier résulte l'art d'associer les intérêts et les caractères dans la Commune et dans l'Etat, — et par suite le moyen positif *d'établir l'harmonie sociale sur le globe, de fonder la paix, le travail, la liberté, le bonheur enfin, sur la terre.* Nous ajoutons qu'il y a bien moins de difficulté pour atteindre ces résultats, que pour faire une révolution comme nous en faisons tant depuis un demi-siècle.

Que ceux qui ne sont pas indifférens aux misères des peuples, qui souffrent pour eux-mêmes, et qui souffrent en voyant souffrir ; qui se sentent dans le cœur un besoin de travailler au bonheur de leurs semblables; que ceux enfin qui gémissent sur le mal et aspirent aux jours heureux, que ceux-là examinent les conséquences des principes que nous venons leur soumettre, qu'ils étudient et qu'ils jugent. — Et quand ils croiront comme nous, qu'ils se joignent à nous, pour propager la science et pour la réaliser sur le sol : car tel est le but ultérieur de nos efforts.

Les autres passeront sans vouloir nous regarder et se contenteront de nous traiter de bonnes gens, de rêveurs, de fous, jusqu'à ce que l'expérience parlant, la réalité leur crève les yeux. — D'ici là d'ailleurs nous nous réservons bien de prouver, quelque peu à leurs dépens, que ce n'est pas nous qui sommes les songe-creux.

Terminons en priant le lecteur d'oublier ce qui peut avoir, dans cet écrit, choqué ses opinions antérieures. Il n'est pas possible de donner raison à toutes les Opinions, quand toutes elles ont tort. Si les Idées que nous soumettons à nos concitoyens sont meilleures et plus heureuses au monde que celles qu'elles renversent, il faut leur pardonner ce petit défaut. D'ailleurs, si elles renversent les théories, elles satisfont les besoins légitimes et les bons désirs qui sont au fond de toutes ces théories ; elles viennent renverser tous les plans des Partis et accomplir tous leurs vœux ; — c'est bien quelque chose, — surtout quand on a montré que les Partis, avec leurs plans, aboutissent toujours à l'opposé de leurs vœux.

§ XIX.

De l'absurdité de notre titre.

Nous aurions bien désiré donner à cet écrit un titre simple et raisonnable. Mais, comme nous avions conscience d'avoir dit des choses justes et sensées, nous aurions craint de nous confier dans une espérance de publicité qui aurait pu être trompeuse.

Dans lequel de nos *organes de publicité* aurions-nous pu espérer que l'on fît quelque compte des principes d'un écrit aussi excentrique, aussi irrespectueux envers la Politique? L'hétéro-doxie y est trop forte.

Dès lors, n'osant compter que sur l'*annonce de la quatrième page*, il était bien force de prendre un titre qui pût paraître au milieu des pommades *philocômes*, *mélaïnocômes*, des annonces *végétales*, et de la fameuse *pâte Regnault aîné*.

Nous avons donc dû prendre un titre suffisamment absurde ; c'est à quoi nous pensons avoir réussi. — Dieu veuille que le lecteur distingue entre le Titre et l'Ecrit.

MÉMOIRE JUSTIFICATIF

PRÉSENTÉ

A LA COUR DES PAIRS,

PAR

L'accusé **RIVIÈRE** cadet,

DE LONS-LE-SAULNIER,

IMPRIMEUR SUR ÉTOFFES.

AVERTISSEMENT.

Nous nous sommes efforcés de montrer, dans l'écrit précédent, que ce ne sont pas les intérêts et les hommes qui sont mauvais, mais seulement les combinaisons sociales dans lesquelles les hommes et les intérêts fonctionnent. Notre argumentation a eu pour but de prouver que, contradictoirement aux traditions politiques, on doit viser à l'harmonisation, à l'association des intérêts hostiles, au lieu d'activer les luttes dans lesquelles ils sont engagés. Nous avons montré que les prédications chrétiennes et philosophiques sont des ressorts impuissans contre le mal, que d'ailleurs tous les systèmes de compression morale, religieuse, ou politique, outre leur inefficacité, accusent la société et témoignent contre elle ; car une société bien organisée n'a pas besoin, pour subsister, d'un pareil échafaudage de contrainte et de rigueur, d'un pareil développement de force répressive. — Une bonne société n'est pas celle dans laquelle il se fait le plus de sermons et d'exécutions, celle qui réprime le mieux ; mais bien celle dans laquelle les intérêts, liés fortement entre eux, se servent tous mutuellement au lieu de se nuire ; de telle sorte qu'il n'est plus besoin de prendre tant de précautions, de tant sévir contre leurs écarts.

Une bonne société est celle qui est faite de telle manière, que chacun y a intérêt à l'ordre, au bien de ses voisins, au bien général. L'ordre sera solidement établi quand il sera assis sur les intérêts de tous.

La société doit donc être construite sur une base capable de donner accès à tous les intérêts existans et à tous ceux qui pourraient surgir dans son sein.

Ce principe, accepté d'une manière absolue, est le fondement de la *Politique sociétaire.*

Or, il est certain que jusqu'à ce jour aucun Parti, aucune École, n'a proclamé ni accepté franchement ce principe. Tous les Partis, toutes les Écoles, *sans aucune exception*, se sont toujours montrés amis de certains intérêts au détriment, à l'exclusion, à la destruction même de certains autres. C'est toujours le *procédé révolutionnaire* qui a été employé :

Le *Libéralisme*, servant les intérêts des classes moyennes et de la féodalité industrielle contre l'ancienne aristocratie, a employé et emploie le *mode révolutionnaire* contre les intérêts de l'ancienne aristocratie ;

L'*aristocratisme*, à son tour, a tenté, et tente encore, sous divers noms, d'agir *révolutionnairement* contre les intérêts des classes moyennes ;

Le *Libéralisme* et l'*Aristocratisme* agissent *révolutionnairement* tous deux contre les intérêts du prolétaire, quand ces intérêts regimbent et les gênent ;

Et enfin de nos jours un mouvement *révolutionnaire* contre la propriété s'est produit sous le nom de *Saint-Simonisme* et a pénétré dans les doctrines des Partis qui se sont donnés comme avocats des classes dénuées de la propriété. — Il est très malheureux que le *Saint-Simonisme*, mentant au mot d'Association, ou plutôt n'en comprenant pas le sens, ait compromis, par les théories monstrueuses qu'il a produites sous ce mot, la cause de l'Idée que ce mot renferme.

Ainsi, jusqu'à Fourier et son École, nul Parti, nulle École, n'a promulgué une Politique dont le principe fondamental fût l'acceptation franche et complète de tous les intérêts existans au sein des sociétés actuelles, et de tous ceux qui pourraient naître ultérieurement. Ce principe est à la fois si neuf et si large, que les hommes qui ignorent les voies et moyens par lesquels on en peut obtenir la pratique sociale n'ont rien de plus pressé que de s'écrier : « Ce serait très bien, mais c'est impossible ! on ne peut pas espérer quelque chose de pareil.... »

Quoi qu'il en soit de cette possibilité (à laquelle nous continuerons à croire tant que nous n'aurons contre elle que l'incrédulité de ceux qui ne se sont pas mis en mesure d'y entendre quelque chose), quoi qu'il en soit de cela, dis-je, il importe de rassurer, sur les doctrines de l'École sociétaire, les gens toujours prêts à s'effaroucher au mot *d'innovation* :

Or, voici un mémoire où sont exposés les principes de la Politique de cette École. Ce mémoire a été adressé à la Cour des Pairs, par un homme jeté dans le procès d'avril. L'accusé était contumace. Toute la force de sa défense se résumait dans la nature de ses principes, dans sa croyance, que le mémoire exprime. — L'accusé a été acquitté.

C'est bien cependant d'innovation qu'il s'agit ici ; c'est de rénovation sociale, c'est de transformation dans la constitution intime de la société, que l'on parle ici.

La Chambre des Pairs n'est pas suspecte en fait d'amour de l'innovation, que nous pensons. Eh bien ! l'accusé a été acquitté ; et de plus, nous avons pu nous convaincre directement que les principes contenus dans ce mémoire ont été l'objet d'une approbation générale de la part de MM. les Pairs. — Je ne dis pas qu'ils ont compris leur valeur d'avenir, leur valeur scientifique ; ce n'eût pas été chose possible sur une aussi faible indication ; mais ils ont compris que ces principes étaient sages et de bonne influence.

Donc, cette Politique d'innovation et de reconstruction sociale n'est pas contraire à l'ordre, aux intérêts existans, donc, elle n'a rien d'hostile, ni de révolutionnaire, et elle est jugée telle par les hommes qui représentent spécialement dans l'état l'*esprit conservateur*.

D'un autre côté, les Partis et leurs hommes les plus exigeans n'ont jamais demandé, n'ont jamais promis, dans les plus belles pages de leurs déclamations périodiques, — où les promesses ne coûtent pas plus sans doute qu'à l'Hôtel-de-Ville, — les Partis n'ont jamais osé promettre la centième partie du bien-être, de la liberté, des améliorations de toute sorte qui résulteront pour le peuple et les classes aujourd'hui mal dotés, de l'exécution des procédés de la science sociétaire.

L'accueil que les principes de cette science ont reçu de la Chambre des Pairs, est un fait que nous devions tenir à constater. Nous en prenons acte, et nous réimprimons le *Mémoire de Rivière* dans cette intention. Ce Mémoire, — dont la première édition, tirée à deux mille exemplaires, est depuis long-temps épuisée, — devait d'ailleurs trouver sa place dans un programme de la Politique de l'École sociétaire ; car il est jusqu'ici la seule publication de cette École faite dans une circonstance politique.

Ce procès d'avril, qui a fait tant de bruit en son temps, le voilà profondément oublié aujourd'hui. Ces tristes scènes politiques sont les spectacles de la France. Elle y assiste avec une curiosité aiguë ; les uns sifflent les acteurs, les autres les applaudissent ; puis, quand la représentation est terminée, quand le rideau est tombé, c'est fini, le souvenir même en passe bientôt.

Les anciens avaient leurs cirques où combattaient les gladiateurs : nous avons, nous, les rues et les places publiques, et ensuite les jugemens dans nos grands théâtres judiciaires ; la Politique se charge de pourvoir tout cela, de remplir les rues aux jours de l'Émeute et de bien garnir les bancs des accusés. On enterre les morts, on condamne, on absout ou l'on exécute les vivans, et l'on n'en parle plus.

Pourquoi cette Politique, qui a jeté de malheureux jeunes gens dans la rue, puis sur le banc des accusés de la Cour des Pairs, qui leur a ardemment soufflé ses venins dans les veines, pour les entretenir à l'unisson de sa folie, qui a misérablement exploité leur position au profit de ses haines, pourquoi cette Politique qui a tant et si insolemment demandé l'amnistie au Pouvoir, quand c'était pour elle une manœuvre de Parti, pourquoi n'a-t-elle pas aujourd'hui une parole décente, une seule pour rappeler au pouvoir que le temps est venu de faire grâce à ces nobles jeunes gens égarés par elle ?

Voyez comme cette Presse du Mouvement, pour l'appeler du nom qu'elle se donne, s'intéressait, en réalité, au sort de ses victimes ! Par son impudence à l'imposer, elle a empêché l'amnistie de descendre sur eux avant le procès ; pendant le procès, elle a aggravé leur position autant qu'il était en elle, en leur faisant jouer un rôle à la fois violent et ridicule ; enfin, aujourd'hui, après quelques semaines, elle a perdu jusqu'au souvenir de ces malheureux dont elle avait indignement exploité la position ; le malheur, la jeunesse et le courage !.... Maintenant qu'ils sont condamnés, emprisonnés, déportés, il n'est plus question d'eux. Ils ont été bons un instant : on s'est servi d'eux pour faire quelque bruit et quelques menaces, de maladroites et cruelles parades. Qui pense à eux maintenant ? où sont leurs amis, ces amis si chauds et si dévoués ? Que fait pour eux la Presse ? — Hélas ! oubliés, oubliés, oubliés....

Espérons que leurs juges, au moins, se les rappelleront, et que le Roi, — qui peut faire grâce —, ne les oubliera pas !

MÉMOIRE JUSTIFICATIF

PRÉSENTÉ

A LA COUR DES PAIRS.

(DEUXIÈME ÉDITION.)

⸺⸻◦⸻⸺

MESSIEURS LES PAIRS,

Accusé d'avoir provoqué par des écrits les tristes évènemens d'avril, j'avais pris deux fois envers la Cour, en m'adressant à M. le baron Pasquier, son président, l'engagement de venir en temps opportun me confier à sa haute et loyale justice. Cette promesse, Messieurs les Pairs, des circonstances que je n'avais pu prévoir sont venues m'empêcher de la tenir; aujourd'hui il est de mon devoir et de mon honneur, comme de mon intérêt, de vous en faire connaître les motifs. J'aurai aussi à vous soumettre quelques explications justificatives des charges élevées contre moi par les magistrats délégués à Lyon pour l'instruction du procès relatif à ces évènemens. Peu exercé dans l'art d'écrire, j'espère, Messieurs les Pairs, que vous voudrez bien m'accorder votre indulgente attention.

PREMIERE PARTIE.

I.

Arrivé à Paris, le 4 mai 1835, pour me constituer prisonnier et entrer au procès, je me présentai vainement dans la matinée du 5, au palais de la Cour d'abord, puis à la Préfecture de police, et ensuite au greffe de la prison du Luxembourg, où j'attendis pendant environ une heure et demie sans parvenir à me faire écrouer. M. Sajou était retenu ailleurs par les devoirs de sa charge; il ne put venir, et je quittai la prison dans l'espérance de pouvoir enfin m'y faire admettre après l'audience de la Cour, en me présentant, d'après le conseil du directeur de la prison lui-même, au domicile de l'huissier chargé des écrous: mais les résultats de la première audience me déterminèrent subitement à m'abstenir; je ne me présentai pas : voici, Messieurs, quels furent alors mes motifs :

Dès le premier jour, les débats prirent une physionomie nette et tranchée : c'était une lutte politique qui venait de s'engager entre la Cour et mes co-accusés. Or, moi, Messieurs les Pairs, j'avais fait librement cent vingt lieues pour venir chercher des juges, et non pour entrer, soldat, dans une arène de partis, car j'étais venu seul de mon opinion parmi les accusés d'avril, et, sans foi depuis deux ans, comme je l'établirai clairement dans l'exposé de mes principes, aux théories politiques que je persiste à regarder comme incompétentes dans le grand travail de rénovation sociale et humanitaire que les siècles qui s'achèvent lèguent aux siècles qui viennent après eux. J'étais venu pour me défendre, quelque restreintes que fussent les limites accordées à la défense, non dans la pensée de m'assurer ainsi la faveur de mes juges; non que je voulusse, ce qui ne saurait m'appartenir, blâmer en aucune façon le système qui pouvait être adopté par mes co-accusés pour leur défense; mais bien parce que nulle autre justice ne m'étant offerte, c'était pour moi une nécessité de position ; d'ailleurs, en me sommettant à cette nécessité, j'étais plein de confiance en votre justice, Messieurs les Pairs, et je me rappelais les paroles prononcées en votre nom par votre président, dans une circonstance solennelle peu éloignée (1).

Mais j'avais partagé quelque temps la croyance politique que mes co-accusés sont venus professer devant vous ; comme eux et avec plusieurs d'entre eux j'avais, à une époque dont je parlerai bientôt, travaillé dans l'intérêt des principes républicains ; et si aujourd'hui, Messieurs les Pairs, je n'étais accusé comme eux, s'il ne m'avait pas été assigné une place dans ce procès, triste retentissement d'évènemens douloureux et déplorables comme toutes les guerres civiles, je serais venu devant vous, je serais venu dire mon étonnement de les voir tous, et en particulier mes amis Lagrange, Martin, Albert et Beaune, traduits en coupables devant votre justice : car, je dois le dire, parce que cela est vrai, bien que nous ne fussions plus apôtres d'une même croyance, ils niaient comme moi l'opportunité d'une guerre civile, et ils voulaient attendre de l'éducation politique du pays les améliorations qu'ils croient devoir découler de leurs principes.

Quelque brèves que soient les considérations toutes particulières que je viens de vous soumettre, Messieurs les Pairs, elles vous auront convaincus que l'ajournement de ma promesse était commandé par ma position, par celle de mes co-accusés, par un sentiment de loyauté que vous saurez comprendre ; elle suffiront, je l'espère, à écarter de vos esprits, contre moi, toute prévention fâcheuse à cet égard.

Plus tard, en observant la marche du procès, je crus reconnaître que la Cour des Pairs était dans l'intention de statuer d'abord sur les accusés Lyonnais dans la session présente. — On touchait à la fin de l'interrogatoire des accusés et de l'audition des témoins : — je résolus alors, si cela pouvait encore se faire, de me constituer prisonnier pour être jugé à la suite, avant que les plaidoiries ne fussent commencées. J'avais eu des raisons de croire qu'il pouvait en être ainsi ; mais des renseignemens qui m'ont été donnés ensuite, et de la sûreté desquels il ne m'était pas permis de douter par leur source même, m'ont fait renoncer à cette dé-

(1) 1er janvier 1835. Discours au Roi.

termination et conseillé la voie que je suis aujourd'hui. C'étai
Messieurs, le seul moyen qui me restât pour combattre dar
vos esprits les dispositions qu'ont pu faire naître en vous ;
mon absence au procès, et les termes de l'accusation qui m'e
particulière.

Avant d'examiner cette accusation aux formes étrangemen
soupçonneuses et arbitraires, qui, je le pense, doit être consi
dérée comme étant l'œuvre de l'époque à laquelle elle se rapporte
je vais, Messieurs les Pairs, mettre rapidement sous vos yeu
l'historique de mes opinions et des modifications que l'intelli
gence et l'expérience des faits leur ont fait subir. Cet historiqu
est d'autant plus nécessaire à ma défense, que l'accusation
rappelé à la Cour, comme présomption aggravante et probant
de ma culpabilité en avril 1834, que j'avais été, en mai de l'an
née précédente, trésorier du banquet Garnier-Pagès, et qu
l'accusation tout entière n'a d'autre motif suffisant, comm
j'aurai l'honneur de le démontrer clairement à la Cour, qu'un
erreur de date sur la nature de mes opinions.

II.

La révolution de juillet m'avait trouvé ignorant et peu sou-
cieux de la politique ; mais, comme tous les hommes jeunes et
ardens, je fus entraîné dans le mouvement que détermina cette
grande commotion, et bientôt après je devins républicain. Pendant tout le cours de l'année 1832 je fis partie de diverses associations républicaines ; mais avec cette année se termina ma vie
politique. Je me retirai dès cette époque de toutes les sociétés
auxquelles j'avais appartenu, et je donnai dès-lors ma foi tout
entière à une doctrine qui non seulement est étrangère à la politique, mais qui, bien plus, répudie son action dans les réformes
que la société réclame.

C'est que les trois grandes crises que je venais de voir s'accomplir, — Juillet, Novembre et Juin, — avaient eu des résultats
qu'il m'appartenait de bien apprécier, placé que j'étais dans
un grand centre industriel, et étant moi-même à la tête d'une
industrie occupant environ une centaine d'ouvriers.

La révolution de juillet, accueillie avec enthousiasme par
l'immense majorité de la société française, avait eu, pour épar-
gner une extrême détresse au pays et aux classes ouvrières sur-

tout, l'heureux secours des commandes considérables nécessitées par l'équipement et l'armement d'une nouvelle garde nationale. Ces commandes avaient pris, pour les jours critiques, la place des élémens ordinaires de travail et de prospérité.

Mais Novembre et Juin avaient eu pour seul cortége l'effroi et la stupeur ; les travaux industriels et les transactions commerciales eurent alors beaucoup à souffrir, et la sécurité n'était point encore revenue lorsque les évènemens d'avril éclatèrent.

La réflexion et l'expérience précise de ces faits m'avaient donc amené à pressentir tous les maux qui pourraient naître, si on s'en remettait de nouveau à la logique des barricades pour obtenir des améliorations, dont la misère des classes travailleuses attestait évidemment l'urgente nécessité. J'avais vu, sans y prendre aucune part, la guerre de Novembre : alors une population douce et timide, de mœurs éminemment pacifiques, était venue sur les places publiques braver la mort avec ce courage énergiquement désespéré qu'une existence en proie à des souffrances sans nombre donne à l'homme qui voit se briser son dernier espoir. Je me demandais s'il était véritablement dans les destinées humaines, que les hommes dussent toujours acheter quelque bien au prix de si rudes et de six sanglantes épreuves ! Je me demandais si la forme du gouvernement, si les institutions politiques qui régissent le pays, étaient réellement le principe du mal que je voyais ronger sans merci l'humanité, et se développer avec une effrayante progression parmi les classes ouvrières ?

D'un autre côté, l'histoire m'apprenait qu'avant d'être constatées et régularisées par les lois, toujours les réformes s'étaient faites dans l'intelligence et les usages des hommes ; que dans l'ordre naturel et logique les idées précédaient les faits ; que les changemens politiques qui s'étaient accomplis jusqu'à nos jours n'avaient jamais été que la sanction laborieuse des modifications imprimées aux mœurs sociales par la succession des temps, et qu'une Constitution n'improviserait jamais une société, comme beaucoup l'ont cru et le croient encore aujourd'hui. Ce fut alors, Messieurs les Pairs, que j'abordai une science neuve dans ses principes comme dans les moyens de réforme qu'elle porte avec elle : je reconnus qu'une révolution,—quelle qu'en fût l'issue,—rendrait seulement le mal plus intense, la plaie plus vive, plus menaçante et plus difficile à fermer ; que le mal était social

et non politique, et qu'ainsi le remède devait et ne pouvait qu'ê
tre social.

La science dont je parle est celle que professe l'*École sociétaire*
ou *phalanstérienne*, dont les travaux de CHARLES FOURIER sont
la base.

Or, Messieurs les Pairs, mon adhésion à cette opinion et aux
doctrines essentiellement conciliatrices et pacifiques de l'*École
sociétaire*, est consignée dans l'*Écho de la Fabrique*, en date
du 7 avril 1833, époque à laquelle je commençai dans ce journal
une série d'articles signés, dans lesquels j'avais pour but de développer les principes de cette doctrine sociale dont je me décla-
rai dès lors franchement et hautement partisan. Le 7 avril 1833,
un an avant les malheureux évènemens à l'occasion desquels je
suis en cause; remarquez cette date, Messieurs les Pairs, et
veuillez observer que c'est à propos de ces articles que je reçus
de l'administration de ce journal, et même sans l'avoir sollicitée,
cette qualification de *collaborateur* dont l'accusation cherche à
tirer parti dans le sens de ma prétendue culpabilité.

Ainsi, Messieurs les Pairs, voici un fait publiquement établi
et consigné dans une série d'articles de Journal, que moi, accusé
devant votre justice d'avoir participé à un complot républicain et
provoqué par des écrits la révolte d'avril, je m'étais séparé, *un
an avant les évènemens*, des sociétés et du parti républicains,
*et que j'avais authentiquement proclamé mon adhésion aux
principes de l'École sociétaire*.

Maintenant, Messieurs les Pairs, quels sont-ils les principes
de cette École? quelles sont-elles ces doctrines que j'ai toujours
soutenues fidèlement depuis l'année 1833? contiennent-elles des
élémens de révolte et des germes de guerre? excitent-elles au
combat, aux actions révolutionnaires? Voyons, Messieurs : de
nombreuses publications ont été faites depuis quelques années
par cette École, qui s'accroît chaque jour de l'adhésion des gens
les plus sages, les plus calmes, les plus intelligens; ces publications ont exercé sur la France entière une bien salutaire influence,
empreinte dans l'action de la presse départementale bien autrement engagée dans la voie des idées utiles au pays que la presse
payée et vendue, hargneuse et tracassière ou aveuglément fou-
gueuse de la capitale. Voyons quels sont les principes au développement desquels toutes ces publications sont consacrées,

voyons les théories qu'elles professent toutes sans exception (1).

Eh bien ! Messieurs les Pairs, la première proposition de cette École, c'est que le mal est SOCIAL et non POLITIQUE.

III.

A nos yeux, Messieurs, le mal réside tout entier dans l'organisation vicieuse, ou plutôt dans la non-organisation de l'Industrie et du Commerce, ces deux bases fondamentales de la prospérité des nations.

Tout y est livré aux caprices du hasard ; le désordre le plus grand règne dans la production et dans la distribution des produits, qui, d'ailleurs, ne sont point en rapport proportionnel avec le chiffre et les besoins des populations, et sont encore beaucoup réduits par les manœuvres de l'agiotage et la concentration des grands capitaux dans des opérations improductives.

L'industrie agricole manque de bras ; les agriculteurs souffrent, la masse est misérable, tandis qu'une cause toute contraire, l'exubérance, produit les mêmes effets dans l'industrie manufacturière. Là, le peuple, attiré par l'espoir de gains plus forts, n'est pas moins malheureux que dans les campagnes, en sorte qu'à la ville comme aux champs, les haillons et le dénuement sont la règle, et le bien-être l'exception. Dans les campagnes, l'homme passe presque six mois de l'année sans rien faire ; dans les villes, l'ouvrier travaille à peine huit mois sur douze ; et enfin, sur une nation de trente-trois millions d'hommes, pourvue d'un sol propice et bon, mais dont un tiers au moins demeure inculte faute de capitaux et de bras, on compte vingt millions d'hommes n'ayant qu'un chétif revenu, et huit millions de mendians, voleurs et assassins, tous gens que la société ne sait pas employer, et qu'il fui faut pourtant nourrir, loger et vêtir à ses propres dépens. — Il y a d'immenses travaux à faire, et il y a des légions entières d'individus qui manquent de travail !!! Quelle plus palpable attestation du désordre de notre système industriel ?

Dans tous les grands centres de travail, là où l'industrie a acquis le plus de développemens, et je ne parle pas seulement de

(1) Voir à la fin du Mémoire, en note, la liste complète de ces publications.

la France, à Paris et à Londres, à Lyon et à Manchester, à Li
verpool et à Saint-Étienne ! partout la misère a planté son ense
gne, la révolte sa bannière sanglante et funèbre, et les part.
politiques leurs drapeaux ; en sorte qu'il est moins que jamai
permis, même à l'aide de la force matérielle, d'espérer le réta
blissement de l'ordre, de la paix et de l'union entre tous, si l'or
ne porte aucun remède aux vices de notre constitution indus
trielle.

Et si la misère et le manque de travail sont les causes princi
pales de toute révolte (car l'homme qui travaille et jouit d'un.
suffisante somme de bien-être, fruit de son travail, n'a aucur.
propension à la révolte), on est encore forcé de constater que
dans les temps de prospérité, des difficultés nouvelles viennen
de l'ouvrier, qui, en haine des mauvais jours, et fasciné pa
des gains hors de proportion avec ses revenus habituels, vit dan:
une complète insouciance du lendemain, et veut à peine tra
vailler quatre jours sur sept !

Les capitaux s'éloignent de plus en plus de l'agriculture, or
ils ne rapportent que de très minces revenus ; ils manquent aussi
dans une moindre proportion, il est vrai, à l'industrie et au com
merce, où le désordre et l'anarchie des relations entretiennen
les mauvaises chances en nombre majeur, et où le péril des ban
queroutes factices ou réelles est multiplié encore par les boule
versemens politiques ; mais ils affluent à la Bourse, où ils se
tourmentent à la hausse et à la baisse, toujours pivotant sur eux
mêmes, sans aucun fruit pour le pays. Du premier au dernie
échelon de notre société, chacun se jette aveuglément aux main:
du hasard : le jeu a gagné toutes les classes ; le jeu est devenu l.
suprême arbitre des choses, le thermomètre où l'on vient lire l.
degré factice de la prospérité des nations ! Et cependant, c'est l.
travail qui fait circuler la vie et le sang dans les artères du gran.
corps qui forme la société ; c'est le travail qui est la seule vrai.
source de toutes richesses, ce travail laissé en souffrance faut.
de capitaux, faute d'organisation, faute de combinaison et d.
prévoyance, ce travail que l'homme n'aborde qu'avec répugnanc.
et dégoût, parce qu'avant tout rien n'est régularisé dans son ac
tion, rien n'est assuré dans ses résultats et ses fruits.

Et, il faut bien aussi le reconnaître, il y a lutte partout ! lutt.
de l'intérêt individuel contre l'intérêt collectif ; lutte entre le:
intérêts des différentes classes qui composent la société ; lutte in

testine de ces classes par la concurrence ; lutte du pauvre contre le riche, lutte de l'ouvrier contre le maître :

Lutte de l'intérêt individuel contre l'intérêt collectif : car l'individu n'est intéressé qu'à sa chose propre et nullement à la propriété, au bien de tous, la richesse des uns s'étayant le plus ordinairement sur la ruine des autres ;

Lutte entre les intérêts des différentes classes: car, comme l'enquête commerciale faite sous les auspices de M. le Ministre du commerce l'a si logiquement révélé, en même temps que les uns demandaient l'abolition d'un droit ou la levée d'une prohibition hostile à la prospérité de l'industrie qu'ils représentaient ; d'autres, en vertu d'un besoin analogue, démontraient la nécessité du maintien de ces droits ou prohibitions ;

Lutte intestine de ces classes par la concurrence : ce dissolvant que les économistes sourds aux leçons de l'expérience nous ont jusqu'ici présenté comme un véhicule nécessaire, tout-puissant pour le développement et le perfectionnement de l'industrie, est une amère déception ; car la concurrence, qui tend sans cesse à l'appauvrissement des produits, à la dépréciation de leur valeur, entretient encore entre les individus exerçant une même industrie, se livrant au même commerce, une manœuvre perpétuelle d'absorption nuisible aux producteurs comme aux consommateurs, et qui, en dernière analyse, atteint proportionnellement toutes les classes ;

Lutte entre le pauvre et le riche : car les jouissances du riche sont un sujet continuel de haine et d'envie pour le pauvre, qui compare, et qui accuse le riche d'être la cause de ses misères. Le riche à son tour s'éloigne du pauvre, que ses formes grossières, que ses haillons dégoûtans lui font repousser et considérer comme un ennemi féroce toujours prêt à le dévorer ;

Lutte entre l'ouvrier et le maître : car l'ouvrier, n'étant lié à celui qui lui donne de l'emploi que par la nécessité impérieuse de travailler sous peine de mourir de faim, n'a en vue que le salaire qu'il reçoit et non les intérêts du maître ; tandis que, de son côté, le maître, poussé par la concurrence et dominé par son propre intérêt, tend incessamment à diminuer le salaire dû au travail ;

Et enfin, *Lutte d'intérêts entre tous et dans tous les sens* : car l'homme de commerce et de spéculation, le marchand de céréales, par exemple, attend pour remplir ses greniers que le

propriétaire producteur soit dans la nécessité de livrer ses ré
coltes à bas prix ; et quand les achats sont faits, il hausse les prix
et bénéficie sur le consommateur après avoir commercialement
spolié le producteur ;

Car le marchand de vins exécute la même manœuvre contre le
vigneron, et ajoute encore à la malfaisance de son action la fal-
sification des denrées; quand ses caves sont pleines, la grêle qui
ravage les propriétés et ruine les producteurs sert au contraire
ses plus chers intérêts ;

Car les médecins seraient ruinés, misérables, si l'humanité
s'avisait de se bien porter ;

Car les hommes de loi perdraient leurs moyens d'existence, s'il
n'y avait plus ni chicanes, ni procès ;

Car les juges sont intéressés à ce qu'il y ait toujours des
crimes et des coupables, des palais de justice, des bagnes et des
prisons, sous peine d'avoir fait d'inutiles études et d'en perdre le
fruit ;

Et au milieu d'un désordre si funeste à tous, les gouverne-
mens occupés à atténuer les effets de ce conflit perpétuel, à
empêcher les classes de s'entre-dévorer, les hommes de se dé-
chirer comme si la terre n'était ni assez vaste pour les tous
porter, ni assez bonne mère pour les tous nourrir ; les gouverne-
mens, dis-je, meurent à la peine, trompés qu'ils sont encore
par ces légions de police subalterne préposées à la garde du
corps social, qui, elles aussi, tirent leur raison d'être de l'anarchie des intérêts et du désordre industriel et moral des sociétés.
Comme toutes les catégories improductives, occupées seulement
à la surveillance et à la répression des conflits produits par la
fausse combinaison des choses, elles reviendraient elles-mêmes
au travail créateur et productif, alors que l'harmonie des intérêts ferait cesser tous les conflits et établirait sur des bases
inébranlables la prospérité générale, l'accord des différentes
classes entre elles et le concert affectueux des gouvernans et des
gouvernés.

IV.

Si le tableau que je viens de tracer des misères de notre ordre
social, industriel et commercial n'est pas flatté, vous reconnaî-
trez aussi, je le crois, Messieurs les Pairs, qu'il est loin d'être
exagéré : ce serait faire injure à votre haute expérience que de

vous supposer disposés à fermer systématiquement les yeux sur le mal, car c'est à vous surtout qu'il appartient de l'apprécier; or, la nature des vices que j'ai signalés, les opérations qui sont à faire pour les combattre et détruire avec eux leur action désastreuse, si hostile aux bonnes relations qui devraient régner parmi tous les membres de la grande famille humaine, attestent avec une entière évidence que l'action de la politique est incompétente pour l'œuvre des réformes dont la société a besoin.

J'ai montré en effet que les trois puissances, les trois forces dont le jeu est l'âme de nos relations industrielles et sociales, le *Capital*, le *Travail* et le *Talent*, sont, par le fait même des combinaisons particulières dans lesquelles elles sont engagées au sein de la société, en opposition les unes avec les autres; j'ai montré encore que l'hostilité d'intérêts qui arme ces trois puissances les unes contre les autres, divise intestinement aussi chacune d'elles, et se manifeste d'une manière flagrante par les désordres effrénés de ce qu'on appelle la *libre concurrence* qui établit les luttes de capitaliste à capitaliste, aussi bien que celles de travailleur à travailleur. Or, s'il est avéré que par la manière même dont les intérêts divers sont distribués dans la société, c'est-à-dire par la nature même de la forme sociale, ces intérêts sont en divergence et en hostilité, il devient évident que la question doit porter sur la modification de cette forme sociale qui engendre la guerre des intérêts, et non pas sur la modification des formes administratives et gouvernementales, puisque les causes génératrices de la guerre des intérêts ont leurs racines en dehors de ces dernières formes. La politique, telle qu'elle a été entendue jusqu'ici avec ses théories et ses luttes, est donc une erreur de l'esprit, la pure conséquence d'une faute de logique.

Le parti politique auquel j'ai appartenu et qui compte dans ses rangs des hommes à qui vous êtes éloignés sans doute, Messieurs les Pairs, de contester les nobles qualités et les bons désirs, ce parti a résumé sa théorie politique la plus élevée dans cette formule, le *Gouvernement du pays par le pays*. Personne assurément ne peut contester la convenance théorique de cette formule; elle est fondée en droit général, en justice générale, en raison générale : mais il me semble clair au même degré d'évidence que cette formule n'est pour aujourd'hui qu'une de ces vagues fictions politiques auxquelles les esprits se laissent trop facilement prendre, ou bien qu'elle n'est l'expression d'un gouvernement parfait qu'à la condition d'être appliquée à une société rendue *préalablement* parfaite, à un pays où tous les intérêts seraient d'accord; car tant que les intérêts seraient opposés ou divergens dans le sein de la nation, le gouvernement *par le pays* ne serait jamais que la manifestation des divergences radicales existant dans le pays; tant que les intérêts resteront opposés entre eux dans les communes, dans les départemens, dans les provinces, il est certain qu'un gouvernement représentant exactement le pays reproduira tous les élémens de discordance du pays dont il sera émané.

Il est impossible d'avoir un gouvernement gouvernant dans l'intérêt de tous avant qu'il y ait harmonie entre les intérêts de tous. Je ne m'arrêterai pas à légitimer ce que j'avance, par des faits historiques ou par des explications plus détaillées, car il ne sert à rien de prouver l'évidence.

L'étude des travaux de l'*École sociétaire* m'ayant ainsi ouvert les yeux sur les causes premières du mal, m'ayant montré toutes nos misères dérivant en principe de l'opposition des intérêts dans le sein de la société, je compris que mes amis politiques et moi nous étions restés engagés jusqu'alors dans une voie qui ne conduira jamais au but que nous voulions atteindre, l'amélioration du sort de l'humanité; je compris que les luttes politiques, indépendamment des maux qu'entraîne leur fatale énergie dans le présent, sont en outre impuissantes et stériles pour l'avenir; je compris que c'était œuvre vaine et de mauvais résultat pour le pays et pour l'humanité, que de se buter violemment contre les effets sans remonter aux causes, et qu'en ces régions passionnées et inintelligentes des disputes quotidiennes, les générations se léguant les haines aveugles, et éternisant les combats, l'humanité pourrait continuer à s'égorger et mourir à la peine; je compris que les dangers de l'état de guerre étaient d'autant plus grands, que les sentimens les plus dignes, les affections les plus généreuses, les passions les plus belles recrutaient chaque jour pour la lutte, de nobles cœurs dévoués qui croient se consacrer corps et âme au service de l'humanité, en se consacrant corps et âme aux doctrines erronées d'un parti; je compris, Messieurs, qu'il y avait au fond de nos agitations une grande erreur; que la politique, se tourmentant dans tous les sens, tournait toujours dans un même cercle d'idées étroites, irritantes, inflammables, qu'elle était impuissante et malfaisante à la fois ; qu'il fallait chercher un remède social à un mal social ; que c'était à l'intelligence et non à la force qu'il fallait s'en remettre pour trouver les moyens de combiner les intérêts divergens ; qu'il y avait là une énigme à deviner, et que tous les partis avaient irrécusablement prouvé qu'aucun d'eux n'en savait le mot. Du jour où je compris ces choses j'avais cessé d'appartenir au parti républicain.

Si la passion inséparable de la nature humaine n'obscurcissait pas l'intelligence dans nos tristes querelles, n'aurait-on pas reconnu que puisque aucun parti ne peut conquérir l'opinion tout entière, c'est qu'aucun ne sait, comme chacun d'eux prétend pourtant le savoir, ce qu'il faut au pays ? car si un des partis existans, parlant au pays, écouté par le pays, avait révélé au pays ce *qu'il lui faut*, s'il lui avait présenté le moyen de sa prospérité, certes le pays l'aurait accepté. Mais, chose étrange ! chaque parti prend chaque jour la peine de s'accuser soi-même en disant que ce qui l'empêche d'être accepté, ce sont *les intérêts qui luttent contre lui....* Quelle condamnation plus forte les ennemis d'une doctrine pourraient-ils prononcer contre elle que de montrer qu'elle menace ou seulement même repousse une quantité d'intérêts existans, assez notable pour lui faire obstacle dans la nation ? — Ceci, Messieurs, s'applique aux vainqueurs tout aussi bien qu'aux vaincus.

Pour toutes ces raisons, Messieurs les Pairs, je n'adhère ni ne puis adhérer à aucune doctrine politique. Aujourd'hui, la tâche des hommes de cœur, d'intelligence et d'avenir n'est plus là. Ce n'est plus la forme gouvernementale qu'il importe de mettre en question ; mais c'est sur la combinaison harmonique des intérêts sociaux qu'il faut que l'intelligence se mette en œuvre.

Or, ici, Messieurs les Pairs, c'est une nécessité de défense que m'a créée l'accusation, de formuler bien nettement mon opinion sur cette seconde et délicate question ; car ici, sur ce terrain qui n'est plus le terrain politique, mais le terrain social, il y a encore deux voies : la lutte ou la conciliation, la paix ou la guerre, la force ou l'intelligence ; et l'accusation, qui n'est contre moi qu'un système de préventions dénuées de faits, une espèce d'accusation de *tendance*, exige que j'établisse le caractère essentiellement pacifique de la doctrine que j'ai embrassée. C'est, au reste, Messieurs les Pairs, ce dont je remercie l'accusation

elle-même; car s'il est pour moi une consolation à cette triste et
dure vie d'exil qu'elle m'a imposée et que je mène, moi industriel et père de famille, depuis tantôt seize mois, loin de ma
famille et de mes affaires; s'il est, dis-je, à ces rigueurs une consolation pour moi, c'est bien d'être appelé, par la nature même
de la cause et les exigences de ma défense, à signaler à vos
hautes capacités ces principes supérieurs d'économie sociale, trop
peu connus encore pour le bonheur du pays, et qui contiennent,
à mon sens et à celui d'un nombre imposant déjà d'hommes de
science et de raison profonde, les germes d'un bel avenir pour
notre patrie et pour l'humanité. Et certes, Messieurs, il a fallu
que je crusse bien fortement devoir à la position de mes co-accusés mon silence pendant les débats, pour m'être réduit à
consigner aujourd'hui ces principes dans le coin d'un court mémoire, quand je m'étais réjoui par avance, quand j'aurais dû
peut-être à ma croyance et aux grands intérêts du pays, de saisir
l'occasion que j'avais d'en faire à votre barre un développement
large et solennel.

V.

La question est sociale, ai-je dit, Messieurs les Pairs.

Ainsi ce n'est pas la forme gouvernementale qui doit être mise
en question; ce qui doit être mis en question, c'est la constitution intime de la société elle-même...

« La constitution de la société mise en question! accusé, mesurez vos paroles, » allez-vous dire, Messieurs les Pairs. « Le
réquisitoire ne vous chargeait pas autant que va vous charger
votre défense : on vous imputait seulement d'avoir attaqué la
constitution politique, et voilà que vous attaquez la constitution
de la société ! Accusé, mesurez vos paroles... »

Messieurs les Pairs, nous comprenons mieux que personne
le sentiment qui vous fait parler ainsi. Des trois pouvoirs auxquels notre constitution a remis le gouvernail de l'Etat, vous
êtes, par la nature de votre institution, celui qui est chargé surtout de l'action modératrice, celui qui doit veiller spécialement
au maintien des intérêts; vous êtes préposés à la conservation.
Comment donc, après tant de malheureux essais de réforme,
après tant de tentatives de régénération qui toutes ont abouti à
des chocs violens, à des perturbations terribles; comment, après

tant de sanglantes catastrophes provoquées par le zèle ardent et passionné des novateurs ; comment, après tant de sombres époques et de fatales expériences, n'éprouveriez-vous pas plus encore qu'une légitime et sage défiance en entendant des voix proclamer que la constitution sociale doit être mise tout entière en cause, et faire hardiment appel à une réforme plus profonde et plus radicale que n'aient jamais osé en demander les novateurs les plus téméraires ? Comment ne redouteriez-vous pas, Messieurs les Pairs, ces voix qui viennent encore parler Réforme, bien qu'elles pussent ajouter les mots humanité, bonheur universel, harmonie, quand c'est avec ces mots que l'on a composé les refrains des rondes révolutionnaires ; quand c'est aux cris de fraternité, émis d'abord par des philosophes, et poussés bientôt après par les masses populaires en débordement, qu'on a construit les échafauds permanens et les échafauds mobiles qui ont terrorisé la France et épouvanté l'Europe ; quand certains théoriciens ont réuni dans leur vénération Jésus, Saint Dominique et Marat ; quand tout drapeau sur lequel on a écrit Réforme n'a été qu'un drapeau de guerre ; quand nouvellement encore une doctrine qui prétendait à l'association universelle, qui voulait embrasser dans son amour l'humanité entière, et arborait un caractère essentiellement pacifique et religieux, n'est arrivé pourtant qu'à inoculer à la politique révolutionnaire cette erreur terrible qui pourrait faire à l'Europe un sombre avenir, *que la propriété n'est pas un droit* ; quand plus récemment encore l'Europe entière a tressailli en entendant sortir d'une bouche consacrée d'étranges paroles, où s'accouplaient bizarrement, comme différens métaux embrasés se tourmentant dans la fournaise, les formules des bénédictions et des malédictions, de la paix et de la guerre, de l'amour et des fortes haines ; quand enfin vous avez devant vous, Messieurs, des hommes dont on vous demande les têtes et dont les cœurs pourtant renferment des cordes si généreuses qu'elles font vibrer toutes vos sympathies, à vous leurs juges, juges encore à qui ils parlent fièrement en ennemis ?

Oui, Messieurs les Pairs, oui, vos défiances et vos craintes sont sages et légitimes ; il serait insensé de le nier, oui, vous avez des raisons d'éprouver aversion pour ces grandes théories creuses et vides qui font briller au soleil les drapeaux et les mots dorés qui fascinent les masses et entraînent aux révoltes les populations abusées ; oui, vous devez craindre ces fièvres de révolu-

'tions qui échauffent les peuples et mettent les nations en fer-
mentation et eu bouillonnement; vous avez certes, Messieurs,
de puissantes raisons pour cela ; et vraiment, Messieurs les Pairs,
vraiment, moi aussi, républicain d'hier, je dirai bien comme
vous : il serait à désirer que l'on devînt enfin plus sages, qu'on
abandonnât les voies des turbulences et des fous projets pour
s'occuper de pratique ; qu'on laissât les grandes déclamations sur
la liberté, la fraternité, l'égalité, l'idéologie des droits imprescriptibles, qui ne déterminent que de funestes orgasmes, et *ne
produisent pas*, pour s'occuper des *réalités productives*, des
moyens véritablement créateurs du bien-être, des choses qui
sont les sources vives des améliorations sociales, je veux parler
de l'agriculture, des fabriques, du commerce, des arts, des
sciences, de l'éducation, seules bases de la richesse générale, et
par conséquent du bonheur et de la liberté, qui ne peuvent être
bien assis que sur ces bases. Voilà ce qu'il s'agit d'organiser,
voilà les branches sur lesquelles l'intelligence doit s'exercer ;
c'est de la systématisation de tous ces élémens de la prospérité
sociale qu'il faut s'enquérir : car enfin, il serait bien temps
qu'aux peuples qui souffrent toujours on donnât ce qui peut calmer la souffrance ; qu'à la société qui toujours se tourmente en
des agitations terribles, on donnât ce qui a vraiment puissance
de calmer les crises.

Certes, Messieurs les Pairs, vous jugeriez bien heureux pour
la France le jour où la brûlante activité des esprits, qui entretient et avive sans cesse nos querelles et nos plaies, qui s'acharne
à cet assaut sans trève et sans merci contre les pouvoirs de l'Etat,
viendrait se condenser en des études calmes, sérieuses et réflé-
chies, portant sur la combinaison des travaux domestiques, agricoles et manufacturiers des Communes. Vous jugeriez bien
heureux pour la France le jour où ces bouillans soldats qui veulent renverser les monarchies, briser les trônes, et faire courir
la propagande à travers l'Europe, jetant leurs armes de guerre,
arriveraient, à la suite de ces études sur la combinaison des
moyens créateurs de la prospérité publique, à demander pour
expérimenter leurs théories nouvelles, — non plus un empire
que l'expérimentation peut faire craquer dans toutes ses parties,
— mais une lieue de terrain sur laquelle essayer paisiblement
des modes nouveaux de production, de distribution et de con-

sommation des richesses, de développemens du travail et des facultés humaines.....

Messieurs, je vous le dis, le jour où l'on aura compris en France ceci, qui n'est pas bien difficile à comprendre, et qu'il est passablement honteux qu'on n'ait pas encore découvert, savoir :

Que la France étant composée de la réunion de trente-six mille Communes, le premier point, quand on prétend travailler à la prospérité générale, c'est d'assurer les voies et moyens de prospérité de la Commune;

Le jour où l'on aura compris cela, nous serons dans le port et bien près d'un bon avenir. En effet, Messieurs, si, comme cela est d'une évidence sur laquelle il est assez peu flatteur pour l'intelligence de notre siècle qu'il soit nécessaire d'insister ; si la prospérité de la France ne peut résider sur rien autre chose que sur la prospérité des trente-six mille Communes qui la composent ; si la prospérité de chaque Commune dépend, comme il serait absurde de le mettre seulement en doute, de la plus ou moins parfaite ordonnance des affaires agricoles, manufacturières et commerciales, des travaux de ménage, d'éducation, d'art, de science qui s'exécutent ou devraient s'exécuter dans la Commune ; n'est-il pas sensible que quand ces vérités, si claires qu'elles sont presque des naïvetés, seront admises par les esprits, il en résultera des études sérieuses, des travaux, des recherches, des expériences sur le mouvement, l'agencement, la combinaison de ces élémens de la prospérité et du développement humanitaire ; que l'on entrera immédiatement dans la carrière des améliorations certaines, des réformes pratiques, inoffensives, heureuses, et que l'abîme des perturbations politiques sera clos à jamais ? Il n'y aurait plus de place pour les querelles et les déclamations dangereuses, Messieurs les Pairs, quand la question de la Réforme serait ainsi précisée ; quand l'opinion aurait une fois admis que toute théorie générale de Réforme doit produire d'abord, sous peine d'être jugée absurde, une théorie d'organisation industrielle de la Commune, — premier point qui est susceptible d'être vérifié par une expérience évidemment inoffensive.

« Vous voulez régénérer la société », dirait l'opinion à tout théoricien, « eh bien ! montrez-nous d'abord sur quelles bases » vous établissez la prospérité de la Commune; comment le

» travailleur y sera rétribué de sa peine ; comment le propriétaire
» et le capitaliste y seront payés de leurs avances et de leurs
» fonds ; comment les travaux y seront distribués, et s'ils donne-
» ront les plus grands produits aux moindres frais ; comment
» l'homme qui n'a que ses bras sera intéressé aux bénéfices du
» capitaliste ; comment celui-ci, à son tour, sera lié d'un intérêt
» commun avec celui-là ; comment le talent aussi trouvera sa
» place dans l'association ; comment l'éducation y sera conduite ;
» si elle s'étendra à tous les enfans, si elle développera toutes
» les facultés qu'il importe à la société comme à l'individu d'em-
» ployer et d'utiliser ; — quelles sont enfin les bases de votre
» projet d'organisation des élémens de bien-être dans la Com-
» mune...? »

Ah ! vous comprenez, Messieurs, qu'à pareilles exigences de
l'opinion, qu'à ces questions sages et intelligentes, il ne serait
plus possible de répondre seulement par des phrases retentis-
santes, par des vacuités plus ou moins éloquentes, plus ou moins
passionnées et sonores.

C'est qu'alors on aurait appris à comprendre que les élémens
de prospérité et de bonheur des nations étant, avant tout, des
faits et non des *mots*, toute théorie sociale doit produire une
combinaison de faits et non de mots ; être, par suite, quelque
chose de saisissable, susceptible de mise en exécution par essai
sur le terrain : c'est qu'alors, Messieurs les Pairs, on aurait
abandonné les régions obscures et nuageuses de l'alchimie politique, — où les vapeurs d'une idéologie irritante et vaine sont,
par malheur encore, plus fatales aux cœurs généreux qu'aux
égoïstes, — pour marcher enfin aux améliorations, avec la logique simple de la science, sur la terre-ferme de l'observation
et des faits.

C'est donc vous qui le dites avec moi, Messieurs, les pensées
réformatrices, les ardentes aspirations vers le bien social, — fatales, en raison même du dévouement et de l'énergie des hommes
qui en sont possédés, quand elles s'emportent à travers champs
dans les régions sombres, orageuses et volcanisées de la Politique ; — ces ardens désirs partant de noble source, et ces pensées réformatrices, deviendront (ce qu'en effet ils doivent être),
des élémens actifs de bonheur, de progrès, d'ordre et de liberté,
quand ils seront soumis au frein d'une haute raison, assujétis
aux jugemens de l'expérience ; quand l'opinion tuera à sa nais-

sance toute théorie sociale non susceptible d'aboutir directement à la Commune, cet élément social, cette alvéole qu'il faut savoir mieux organiser d'abord, si l'on veut mieux organiser la société entière qui est la ruche formée de réunions alvéolaires. Non certes, il n'y aurait plus à l'horizon de tempêtes si le public avait compris que la question sociale doit être posée comme je viens de dire; si l'on était arrivé, en France, à mettre toute provocation à des agitations dans l'ordre politique au nombre des symptômes pathologiques; et à ne prendre soin, dans l'ordre industriel et social, que de ce qui serait formulé nettement et se pourrait prêter à la pratique sur l'*unité* d'exploitation et d'agrégation sociale, — au plus une lieue carrée de terre.

Or, Messieurs les Pairs, et nul d'entre vous ne me contredira sans doute, cette heureuse disposition des esprits, si sage, si mesurée, si raisonnable, cette disposition qui abattrait les querelles des partis, comme la pluie d'été abat les tourbillons de poussière, il est certain que sa réalisation vous semble, à évidence, une utopie quant à notre époque; c'est pour vous un bienfait inespéré, vous le remettez à un long avenir,

 . . . . à des temps plus prospères,
Où les fils corrigés vaudront mieux que leurs pères.

on voudrait en discuter avec vous les moyens, Messieurs, que vous souririez sans doute; vous ne croiriez pas la chose dans l'ordre des possibles avec les hommes qui composent la société contemporaine. Oh! comme vous objecteriez les réalités présentes, les haines insensées des partis, les égoïsmes acharnés, les surexcitations morbides, les altérations de l'esprit, les obscurcissemens de l'intelligence, les aveuglemens, les petitesses, les obstinations orgueilleuses, vaines ou brutales des uns et des autres, de toutes les armes, de tous les drapeaux, des combattans, des vainqueurs, des vaincus! de tous!!..... Messieurs, vous diriez *de tous*.

Eh bien, Messieurs, cette disposition qui dans l'état des esprits vous semblerait, pour être amenée, exiger un miracle..... elle se produit naturellement, tout naturellement, rien que naturellement au contact des idées de l'*Ecole Sociétaire*.

Mais notez bien, Messieurs, que je ne vous parle pas seulement de l'action de ces idées sur des caractères froids, sur des vieillards prudens, rassérénis par l'âge, sur des femmes qui se souviennent d'avoir tremblé au bruit du canon de nos mauvais jours; je vous parle, moi, du contact de ces idées sur le cerveau bouillant d'un républicain de vingt ans! je vous parle de leur action sur ces organisations que la bataille électrise, que la grande voix révolutionnaire emporte, qui ont des poitrines fortes à contenir une haine, et dont toutes les fibres vibrent à l'unisson alors que le canon gronde.

Messieurs, je ne crains pas de le dire, il n'est pas un républicain, j'entends parmi les hommes d'intelligence, dont les désirs ardens du cœur ont chauffé la tête, — et c'est le grand nombre, Messieurs; — il n'en est pas un que l'étude des idées dont je vous signale la valeur, ne fasse promptement entrer à pleines voiles dans cette voie large, humanitaire, calme comme la raison. Chaque jour les faits se chargent de nous prouver cette puissance actuelle de la grande Idée de l'avenir; à chaque moment des hommes de travail et d'expérience, comme des hommes de parti ardens et jeunes, se rangent à cette belle doctrine qui peut seule faire passer en acte les généreux désirs, et qui, *pour cela même*, est appelée à les baptiser tous un jour. Bientôt les faits attestant ce genre de puissance deviendront assez nombreux, et leur influence sur l'opinion assez imposante, pour en rendre la manifestation éclatante à tous les yeux.

Moi qui vous parle ici, Messieurs les Pairs, moi, républicain d'hier, je le répète, et qui n'ai pas abdiqué, Dieu merci! mes bons désirs; mais que ces désirs-là mêmes, *qui m'avaient fait républicain*, ont conduit dans les régions supérieures et intelligentes, où se trouvent les solutions pacifiques et seules réelles de ces questions qui ne produisent que de déplorables luttes dans les basses régions où elles s'agitent aujourd'hui; moi, républicain qui ai rejeté les doctrines erronées, vagues, sans consistance, sans portée, sans unité, sans *valeur sociale*, du parti républicain; mais qui ai conservé sympathie pour les hommes dévoués que ce parti renferme et qui les connais ces hommes, je le déclare, — et c'est une conviction dont les motifs sont bien établis :

NOS QUERELLES PERDRONT PROMPTEMENT LEUR ACRETÉ, ET NOUS N'AURONS PLUS A REDOUTER DE LUTTES SANGLANTES, si un ministère mieux avisé que celui dont les vues bornées sont venues se résoudre dans l'unique principe de *Résistance*, — principe qui, *quand il est seul*, est presque aussi aveugle et inintelligent que celui des agressions; — si, dis-je, un pouvoir mieux avisé et plus large, résistant d'une main, et de l'autre *imprimant impulsion aux choses*, sait conduire les esprits vers l'ordre des idées d'industrie et d'améliorations réelles, positives et sociales que j'ai signalées, ET QUI SONT LE FONDEMENT DE L'ÉCONOMIE POLITIQUE SOCIÉTAIRE;

Ou quand, — à défaut d'un pouvoir capable, comprenant les grands besoins de l'époque, et marchant en tête du mouvement social, — ces grandes idées se seront développées dans le monde par leur virtualité propre et par le zèle éclairé, sage et ardent, des hommes de science et de raison, des hommes véritablement religieux à l'humanité, qui en sont aujourd'hui les apôtres, et dans les rangs desquels, Messieurs, je me glorifie d'avoir pris place.....

Cette conclusion sur l'immense service qu'est appelée à rendre au pays et au monde l'Idée de *l'Ecole sociétaire*, est fondée en raison sur la manière même dont cette Ecole apprend que doit être posée la question de la réforme sociale, à savoir:

1° *L'harmonie intérieure des intérêts et des choses dans la Commune;*

2° *L'harmonie extérieure des Communes entre elles dans la province, dans la nation, dans le monde.....*

Evidemment, cette manière, seule rationnelle, de poser la question générale, exigeant comme condition essentielle et *préalable* en bonne logique, l'ordonnance industrielle de la Commune, et devant se décider par des essais faits aux risques et périls purement pécuniaires de sociétés individuelles, — essais encouragés bien certainement par tout gouvernement intelligent et de bon vouloir, — évidemment, dis-je, cette manière de poser la question est bien capable, j'ajoute est seule capable, de mettre un terme à nos tristes débats.

Aussi, Messieurs les Pairs, quelle idée ne vous donnerais-je pas de la bienfaisante influence de la *Conception sociétaire* et des hautes espérances sociales qu'il est permis de rattacher à son prochain avènement, si le temps, et la convenance qui m'impose de ménager vos instans, ne me forçaient pas à abréger mon plaidoyer; si je pouvais vous faire pénétrer plus avant dans la

12

nature de cette doctrine à laquelle je suis voué ; si je pouvais vous en dérouler les solutions magnifiques et fécondes !

Vous prévoyez bien sans doute, Messieurs, qu'une théorie dont les influences sont si heureuses dans le fait seul de la manière dont elle pose les questions, doit être bien autrement heureuse encore dans les principes et les résultats de ses solutions : aussi en verriez-vous passer devant vos yeux avec admiration, mais sans étonnement, le riche et pacifique cortège.

Aux vives lumières que les principes sociétaires jettent sur les choses, vous comprendriez que ces trois forces premières, CAPITAL, TRAVAIL et TALENT, dont la divergence entretient depuis si long-temps la guerre au sein des nations, ne sont pourtant pas ennemies par nature, et qu'elles peuvent se concilier ; vous comprendriez que cette conciliation, question tout-à-fait fondamentale et décisive en haute politique sociale, est d'autant plus dans l'ordre des possibles, que ces trois forces, Capital, Travail et Talent, étant les trois élémens de la création des richesses et du bien-être, leur ASSOCIATION produira nécessairement une telle abondance de biens et de richesse, que la répartition *proportionnelle, pour chacune d'elles, à son concours à la production totale,* lui donnera alors une part supérieure à celle qu'elle pourrait avoir dans leur DIVERGENCE actuelle, encore que seule elle y absorbât les parts des deux autres. Vous comprendriez que cette heureuse Association du Capital, du Travail et du Talent, condensée en première puissance dans la Commune élémentaire, y établirait l'union et la solidarité de tous les intérêts, de toutes les propriétés, de toutes les industries ; qu'elle élargirait son influence et s'élèverait à ses puissances successives en s'étendant au département, à la province, à la nation, et fonderait ainsi l'harmonie du monde... ; que tous ces intérêts particuliers qui ont divisé les hommes, ces intérêts si âcres, si acharnés aux querelles, féconds en haines, en malheurs, en crimes de toutes sortes et de toutes hideurs, *quand ils sont opposés entre eux dans une déplorable anarchie,* — deviennent eux-mêmes de puissans liens entre les hommes, de puissans moyens d'union et de bonne harmonie, *quand ils sont associés, noués solidairement les uns aux autres dans un milieu régularisé.*

Oui, certes ! s'il m'était donné de vous développer ici les belles et humanitaires conséquences si solidement fondées en logique, en observation et en raison, des principes de haute économie

sociale révélés par le génie divin de FOURIER, vous reconnaî-
triez que celui-ci a apporté à notre époque troublée le rameau
d'olivier qui donne la paix au monde ; qu'aux passagers, qui flot-
tent au gré des vents d'orage sur la mer des contradictions et des
erreurs, il offre une intelligente boussole dont la flèche aspire
vers les belles et riches plages de l'avenir... Messieurs ! s'il m'é-
tait donné de parler, et que ma parole fût forte et puissante comme l'idée qu'elle aurait à vous envoyer, vous appelleriez de vos
vœux aux conseils du pouvoir le vieillard dont la tête a blanchi en
de longues veilles consacrées au service de l'humanité ! vous vous
étonneriez étrangement qu'une capacité si grande eût vécu mé-
connue et obscure ! que cette voix sérieuse et grave, qui dit tant
de choses et sait tant de remèdes à nos douleurs, eût été couverte et dominée par les misérables voix des charlatans verbeux
qui étourdissent l'Europe, et par les bruits de nos brutales querelles ! Messieurs, c'est un fatal et triste don que le don du génie
bienfaisant !... triste et fatal à celui qui l'a reçu, et qui empoi-
sonne sa vie ! C'est un calice d'or et de diamans rempli, jusqu'à
déborder, d'une amère absinthe, et qui ne brille jamais pour les
contemporains !......

Vraiment, Messieurs, la postérité saura que dans le siècle où
vivait le Génie qui dès aujourd'hui irradie sur elle, il y avait des
routes ouvertes pour toutes les intrigues et pour toutes les ambitions, pour tous les fanatismes et pour tous les égoïsmes ; que
toute folie néfaste y naissait viable... et que lui, haut et puissant
Génie pacificateur, il végétait misérablement sans que les puissans prissent seulement garde à ses paroles ! on dira que, dans un
siècle fanfaron et vantard, couvert de beaux semblans, ridicule-
ment chargé de tous les oripeaux libéraux et philosophiques,
empanaché de progrès, suant et soufflant à crier son amour du
vrai, du bien, des améliorations de toutes espèces, ses sympathies pour les classes qui travaillent et souffrent, ses ardeurs
pour l'humanité et tout son charlatanisme d'avenir ; que dans ce
siècle-là, où mille trompettes sonnaient la publicité des œuvres
vaines, futiles et impudentes, des mensonges politiques et mercantiles, des vacuités anodines et des vacuités incendiaires, aucune de ces trompettes n'a laissé sortir un son pour annoncer au
monde l'œuvre du noble vieillard ; qu'aucune publicité sérieuse
n'a été accordée par les princes de l'opinion, qui se disaient amis
du peuple, ou amis du roi, à celui qui apportait au peuple le tra-

vail et l'aisance , aux enfans du peuple l'éducation , aux riches la sécurité , aux rois et aux nations la paix ! Que dis-je ? on a parlé, Messieurs ! mais pour jeter l'outrage à ses cheveux blancs... Celui qui a semé la richesse, la paix et la liberté sur le monde, aura vécu dans la pauvreté et récolté les amères dérisions !..... c'est toujours la vieille ingratitude des hommes au génie.

Et que demandait-il cet homme ? Quelles étaient ses exigences? Que fallait-il faire pour cueillir ces bons fruits, pour juger , du moins, les moyens qu'il offrait ? Lui fallait-il les rênes de l'État dans les mains? une révolution ? un empire à gouverner ? que demandait-il ?... Il demandait l'examen préalable, un examen de chiffres, inflexible et arithmétique ; et à la suite, un essai sur une demi-lieue de terrain exploitée par quelques familles de paysans ;... et les philosophes dorés, et les journalistes gonflés d'amour du bien public, lui ont refusé un examen qui aurait bien vite décrédité leur denrée quotidienne ; et les capitalistes, bornés et entêtés aux vieilles routines, n'ont pas compris et rien réalisé ; et le gouvernement, mené par des esprits sans portée, s'occupait à faire des procès de Juin, des procès d'Avril, des procès à la presse, des lois de Résistance, des actes de Résistance, et il était si bien occupé à tourner, les yeux bandés, dans son manége de Resistance, à guerroyer contre les mauvais effets des bons désirs et de la forte activité des esprits auxquels il ne savait pas assigner de bons et harmoniques emplois, qu'il ne songeait pas à encourager seulement le mouvement simple et facile dont l'influence eût prévenu toutes les agressions qui motivaient les résistances !

On dira tout cela, Messieurs, et ce sera la honte de notre siècle de Bas-Empire ! On dira encore, Messieurs, que pour que le Sénat de France entendît nommer l'*École sociétaire* et son fondateur, il fallut qu'un pauvre ouvrier de Lyon, accusé par mégarde d'avoir provoqué une révolte dont les causes déterminantes n'étaient pas bien claires , se laissât jeter à la Fosse aux accusés d'un procès déplorable, dans l'intention même de mettre au jour, à la solennité de la Cour de ce Sénat, les premiers mots de cette doctrine qui se trouvait composer sa défense (1)...

(1) Lorsque la Cour discutait la *mise en accusation*, ma famille et mes amis me pressaient de faire un Mémoire justificatif, et je savais bien que mon renvoi de cause en eût été la suite toute simple ; mai-

Messieurs, je m'arrête. Je vous ai signalé une doctrine qu'il n'est pas permis à des hommes politiques, encore moins à des hommes politiques qui forment un pouvoir constitutionnel, d'ignorer plus long-temps aujourd'hui. Vous n'aviez pas été avertis par ceux dont c'était la tâche et le devoir de le faire. J'ai réparé leur omission malveillante. Vous êtes avertis ; et s'il y a désormais des retards que le temps démontre avoir été malheureux et funestes, vous alors aussi, Messieurs les Pairs, vous serez comptables du mal qui n'aura pas été évité, du bien qui n'aura pas été fait.....

Ainsi, j'ai rempli ma tâche d'apôtre d'une doctrine heureuse à l'humanité, et, en même temps, ma défense que je puis maintenant résumer tout entière en deux mots :

Je ne puis pas avoir provoqué la révolte d'Avril, PAR LA RAISON QUE J'AVAIS ACCEPTÉ ET PROCLAMÉ LES DOCTRINES DE L'ÉCOLE SOCIÉTAIRE UN AN AVANT AVRIL.

Cette justification franche et décisive me suffira sans doute à vos yeux, Messieurs les Pairs, et je m'en réfère volontiers à elle seule pour attendre votre arrêt. Pourtant, comme l'accusation a cité quelques faits, il convient que je montre ici le degré de crédit qu'on leur doit accorder.

SECONDE PARTIE.

On a supprimé dans cette édition la discussion des faits particuliers contenue dans la seconde partie, qui se termine ainsi :

Messieurs les Pairs, j'ai montré à nu la nullité des faits de l'accusation ; j'ai montré que ses erreurs matérielles étaient précédées d'une erreur d'autre nature, qui m'attribuait en 1835 des opinions qui avaient cessé d'être les miennes dès l'année 1834 ;

j'avais déjà subi dix mois d'exil, et j'estimai qu'il valait mieux laisser aller l'accusation, et que, de cette façon au moins, elle aurait eu cela d'utile, qu'elle eût provoqué devant la Cour un développement d'idées dont il importe hautement que l'annonce officielle soit faite à la société. Je crois pouvoir me rendre ce témoignage, qu'en faisant ainsi, j'ai agi en bon citoyen; mieux encore qu'en bon citoyen, en homme de cœur et de religion.

j'ai montré que mes convictions, loin de se nourrir de pensées de révolte, se lient à un besoin d'ordre qui a sa source dans un sentiment social et hautement humanitaire, à un besoin d'ordre supérieur, par conséquent, à celui que peuvent éprouver les hommes du parti qui a pris aujourd'hui l'ordre pour devise, à un besoin d'ordre supérieur, enfin, à celui que peuvent sentir les hommes qui ont provoqué mon accusation, et dont la politique étroite, mesquine, écourtée, sans portée aucune et sans générosité, vous a jeté, pour la glorification de ses petites obstinations, ce triste et lourd fardeau qui vous pèse depuis si longtemps, et que vous portez encore aujourd'hui.

Messieurs les Pairs, vous m'absoudrez; j'en ai l'entière et ferme conviction; je mets une confiance pleine en votre loyale justice : vous m'absoudrez, Messieurs; et en reconnaissant que mes convictions d'avenir préservent de toute tendance aux perturbations sociales, et attachent à l'ordre, vous donnerez une leçon de haute politique qu'il appartient certainement à votre sage assemblée de donner; car vous aurez consacré en principe :

Que l'action gouvernementale, sous peine d'être jugée inintelligente et incapable du gouvernement des choses sociales, doit avoir d'autres moyens pour établir l'ordre que les baïonnettes des soldats, les prisons des accusateurs, les rigueurs des juges; qu'un gouvernement sage, éclairé et capable, doit fonder l'ordre sur l'emploi utile des activités, sur le mouvement des améliorations; en un mot, qu'il ne doit pas être obligé de résister, mais savoir imprimer impulsion, et emporter les forces inférieures dans l'œuvre de la prospérité générale.

Je suis avec respect,

MESSIEURS LES PAIRS,

Votre très humble et très obéissant serviteur,
RIVIÈRE CADET,
Imprimeur sur étoffes.

27 juillet 1835.

3 août 1835.

P. S. Un crime odieux vient d'être commis. La France est restée consternée. La nature du crime a opéré une révolution subite dans les esprits.

Quelque fatal que soit le sanglant désastre, il y a quelque chose de bien autrement fatal que le fait en lui-même : *c'est que ce fait est* UN CARACTÈRE, UN SYMPTÔME...

Il y a des voix sages et des intelligences élevées qui, depuis long-temps et sans relâche, proclament que la société est arrivée à un point où elle enfante le mal avec une hideuse et terrible énergie. — A chaque crise qui surgit, à chaque plaie qui nous frappe, tous le reconnaissent et le constatent; la terreur se propage; on sent le mal, on palpe le danger; on s'écrie *qu'il faut un remède!*

Eh bien! — et c'est une chose profondément triste et fatale, — à peine le calme rétabli par une prompte réaction RÉPRESSIVE, tout est oublié!... la peur se dissipe, l'opinion se calme, l'esprit s'endort; tout est oublié... jusqu'à ce qu'une explosion plus forte, plus inopinée, plus terrible, vienne éclater de nouveau, réveiller les terreurs et rouvrir les yeux!

Et l'on ne descend pas à la source profonde! et l'on ne veut pas sonder le mal en ses racines souterraines! et l'on s'obstine dans les routes étroites et sans horizon des résistances!...

« Il y a quelque chose de pire que le crime même que nous
» détestons, quelque chose qui ajoute, à l'atrocité de ce crime,
» l'atrocité de ses conséquences probables; c'est l'état des es-
» prits. *Voilà où il faut porter remède...* »

VOILÀ OÙ IL FAUT PORTER REMÈDE! C'est l'organe le plus influent du pouvoir qui pousse ce cri parti des entrailles..... et pourtant, — avec des déclamations vaines et stériles, — on dit que ce sont des RÉPRESSIONS que l'on prépare; on dit que l'on arme en guerre, que l'on active dans les arsenaux la fabrication des machines de Résistance : on parle d'entraves à la presse, de réactions, de rigueurs..... Messieurs! nous avons exprimé bien franchement, dans ce Mémoire, notre opinion sur l'action malheureuse des guerres de la presse et des partis; — et nous n'avons pas un mot à effacer, car nos doctrines sont trop haut placées pour changer avec les circonstances; — nous avons exprimé franchement notre opinion, Messieurs; et maintenant, si vous avez

trouvé nos paroles empreintes d'une raison élevée, d'une intel
ligence des choses, d'un profond sentiment social et humani
taire; si parmi toutes les voix qui éclatent dans le chaos, notr
voix vous paraît grave et de bon conseil au monde, ah! Mes
sieurs, laissez-la, cette voix, qui n'est plus maintenant la voi.
de l'accusé, mais la voix de l'apôtre;—laissez-la proclamer main
tenant à la solennité de votre Cour, et plus haut qu'elle ne l'
fait encore,—que la tâche de l'intelligence directrice est à *préve*
nir le mal, et qu'un système de pure *Répression*,—qu'il s'ex
prime par des faits ou par des lois,—n'est toujours que l'appe
de l'intelligence impuissante à la force brutale.

Messieurs, la répression tend les ressorts... Messieurs! le ma
est dans les idées, dans les passions des partis, dans l'anarchi
morale; mais il est, avant tout, dans les choses : il y a des cau
ses à l'anarchie des idées; il y a des causes aux fureurs des par
tis; il y a des causes au désordre moral... C'est le chaos où le
élémens se combattent en des luttes furieuses; l'action suprêm
consiste à combiner ces élémens pour en faire un Monde... On
éternisera les Résistances en éternisant les luttes. Messieurs! le
pouvoir social devient comptable du mal et l'engendre lui-même,
s'il ne fait pas usage de sa haute action pour prévenir le mal
DANS SES CAUSES et créer le bien DANS SES CAUSES. — Qui pro=
voquerait l'anarchie? qui se révolterait? qui assassinerait? et
qui se vengerait par le pouvoir ou par la loi,—car la loi est quelquefois une vengeance,—si la société était combinée pour la prospérité et le bonheur de tous? qui déchirerait le sein de la société,
si la société était pour tous une bonne mère?

Messieurs les Pairs! Messieurs les Pairs!—ce n'est plus l'accusé qui parle! c'est l'apôtre...—il y a *une haute et souveraine*
impulsion à donner aux esprits et aux choses, et non à s'engager, yeux fermés et têtes baissées, dans la route obscure des
Répressions et des *Résistances*; il n'y a pas à se buter contre
les effets, à combattre obstinément les effets..... Messieurs! il
faut passionner les masses intelligentes et actives pour un but
utile, et les emporter d'une main puissante dans le grand courant de la prospérité et de l'avenir... La route est là, belle, large
et lumineuse, et la voix qui appelle les intelligences et crie la
bonne nouvelle, est là aussi, forte et infatigable..... Messieurs,
malheur à qui se fera sourd pour ne pas entendre!

NOTE.

Publications de l'École Sociétaire.

CHARLES FOURIER.

THÉORIE DES QUATRE MOUVEMENS. — 1808. — Un vol. in-8°.
Épuisé.

C'est le début de l'homme : un ouvrage dans lequel il a jeté, avec
tout le feu de la jeunesse et toute la fierté d'un hardi génie, les merveilles et la poésie de l'avenir ; c'est un brillant prospectus de la découverte dont sa tête était encore en création alors. Les parties
de critique dirigée sur les vices de la société actuelle y sont traitées
avec une incroyable vigueur de pensée et de style. Cet ouvrage, rempli
de morceaux de la plus haute éloquence, était resté en magasin depuis
1808 jusqu'à 1832 ; mais l'édition a été enlevée dans ces derniers temps.
On en prépare une nouvelle, augmentée de notes de l'auteur. — Les
personnes qui se seront fait inscrire comme souscripteurs auront cet
ouvrage à 4 fr.

TRAITÉ DE L'ASSOCIATION DOMESTIQUE AGRICOLE. — 1822.
— Deux très forts volumes in-8°, compactes, 12 fr.

C'est le grand ouvrage dans lequel Fourier a déposé toute la science
qu'il ait jusqu'ici donnée ; c'est la source générale, l'Évangile de l'École
sociétaire ; c'est le livre indispensable à quiconque veut étudier à fond
les théories de cette École. C'est aussi de 1832 seulement que date l'é-
coulement de cet ouvrage, dont l'édition ne tardera pas à être épuisée.

SOMMAIRE DU TRAITÉ DE L'ASSOCIATION. — 1822. — Brochure in-8°, dont la portée ne peut généralement être comprise qu'a-
près l'étude de l'ouvrage précédent qu'elle accompagne. 1 fr. 50 c.

LE NOUVEAU MONDE INDUSTRIEL ET SOCIÉTAIRE. — 1829.
— Un fort vol. in-8°, 6 fr.

C'est l'exposé méthodique et bien scientifiquement conduit de la
partie sociale, traitée avec plus de développemens dans le grand traité.
Le caractère qui distingue cet ouvrage parmi les autres du même auteur, c'est la netteté d'exposition et la précision vraiment algébrique de

15

la méthode et du style, toujours si remarquable et si tranché d'ailleurs dans toutes ses productions.

LA FAUSSE INDUSTRIE. 1 vol. grand in-12, 5 fr.

L'auteur s'est proposé surtout de démontrer, par la nature des plus récentes circonstances, l'urgence de faire un essai sociétaire réduit à un bas degré et rendu facile au gouvernement ou à un capitaliste.

JUST MUIRON,

SECRÉTAIRE DE LA PRÉFECTURE DE BESANÇON.

VICES DE NOS PROCÉDÉS INDUSTRIELS. — 1824. — Broch. in-8° (176 pag.). 3 fr.

« Cet interprète du traité de l'Association, prenant de la doctrine de » l'inventeur la partie la plus importante et la plus immédiatement » utile, en a réuni les points principaux dans un ordre régulier et mé- » thodique, où les accessoires ne suspendent point la marche des idées, » où la discussion se montre toujours modérée et décente, où la passion » du bien ne dégénère point en manie exclusive, ni la conviction en es- » prit de parti, où la franchise enfin ne se confond pas avec la rudesse, » ni le zèle avec l'amertume; son style grave et concis a la couleur du » sujet et le degré d'élévation qu'il comporte; en sorte que l'on peut » dire que M. Muiron a fait, sur le même fond d'idées que M. Fourier, » un ouvrage nouveau capable d'intéresser ceux mêmes qui, après l'avoir » lu, persisteraient à ne voir dans la théorie de l'inventeur qu'une » utopie impraticable. »

(*Extrait du rapport fait à l'académie de Besançon, sur cet ouvrage, par M. Genisset, secrétaire perpétuel.*)

Ajoutons à cette appréciation du rapport, que l'ouvrage contient un projet détaillé et justifié de statuts pour l'organisation d'un *Comptoir communal*.

TRANSACTIONS SOCIALES, RELIGIEUSES ET SCIENTIFIQUES, DE VIRTOMNIUS. — 1832. — 1 vol. in-8°, 3 fr.

Cet ouvrage du plus ancien disciple de Fourier est consacré aux grandes questions théosophiques qui ont pour but Dieu, l'Homme et l'Univers. Après une belle exposition du problème de la Destinée de l'Homme, l'auteur étudie les déviations de l'humanité, et les poursuit dans leurs trois grandes manifestations, sous les désignations suivantes :

DÉVIATION DE L'HOMME. RELIGION *de mystères et de rigueur;* SCIENCE *incertaine et confuse;* LOI *de Contrainte.*

Et voici les sujets du second volume de ce travail de haut titre (l'auteur s'en occupe actuellement) :

LOI *d'Attraction;* SCIENCE *lumineuse et certaine;* RELIGION *de Joie et d'évidence;* RÉINTÉGRATION DE L'HOMME.

A. TRANSON,

INGÉNIEUR DES MINES, ANCIEN ÉLÈVE DE L'ÉCOLE POLYTECHNIQUE.

THÉORIE SOCIÉTAIRE DE CH. FOURIER. — 1832.

Élégant et court résumé de l'idée de Fourier (publié dans la *Revue Encyclopédique*). *Épuisé.*

C. PELLARIN,

CHIRURGIEN DE LA MARINE.

DE LA MÉDECINE DANS L'ORDRE SOCIÉTAIRE. *Épuisé.*

A. MAURIZE.

DANGER DE LA SITUATION ACTUELLE DE LA FRANCE. — 1833. — 1 vol. in-8°. *Épuisé.*

Cet ouvrage, écrit avec beaucoup de clarté, de sagesse, et une simplicité facile et gracieuse, a pour but d'apprécier la gravité des circonstances sociales produites par la destruction du système féodal sur lequel la société était assise. Il démontre que le mouvement philosophique et libéral n'ayant abouti qu'à une destruction, et ne contenant en soi aucun principe de socialisation, il faut demander à un élément supérieur le remplacement de la base féodale, et fonder enfin l'association de tous les élémens de l'activité humanitaire. Cet ouvrage, adressé aux hommes sincères de tous les partis, contient des critiques fort remarquables de notre mécanisme *commercial,* et des étranges théories d'économie politique et de libre concurrence, importées d'Angleterre et mises en vogue par le libéralisme.

J. LECHEVALIER.

ÉTUDES SUR LA SCIENCE SOCIALE. — 1832-1834. — 1 vol. in-8°, 8 fr.

Ce livre, écrit avec la verve spirituelle que l'on connaît à son auteur, est un duel entre les doctrines saint-simoniennes et les solutions de l'École sociétaire. Les principes de cette dernière école y sont spécialement développés sous leur aspect méthaphysique. Cette exposition est suivie d'un programme remarquable, adressé par l'auteur au ministre de l'instruction publique, pour appuyer sa candidature à la chaire d'économie politique du collége de France.

LEMOYNE,

INGÉNIEUR DES PONTS-ET-CHAUSSÉES, ANCIEN ÉLÈVE DE L'ÉCOLE POLYTECHNIQUE.

ASSOCIATION PAR PHALANGE. — 1832. — Brochure in-8°. Résumé didactique et très condensé de la théorie sociétaire. 1 fr.

PROGRÈS ET ASSOCIATION, par le même (*sous presse*), 2 vol. in-8°, qui contiendront, sur les matières actuellement étudiées de la grande économie industrielle, des travaux dont les connaissances particulières et la position spéciale de l'auteur garantissent assez la valeur.

BERBRUGGER,

SECRÉTAIRE DU MARÉCHAL CLAUSEL.

CONFÉRENCES SUR LA THÉORIE SOCIÉTAIRE. — 1834. — Br. in-8°.

Publication d'un cours fait à Lyon devant un brillant auditoire, et qui fut écouté avec un intérêt qui n'avait pas son unique source dans la belle facilité et la spirituelle élocution de l'auteur.

BAUDET-DULARY,

DOCTEUR EN MÉDECINE, EX-DÉPUTÉ DU DÉPARTEMENT DE SEINE-ET-OISE.

CRISE SOCIALE. — 1834. — Br. in-8°, 1 fr.

C'est l'opuscule d'un des hommes qui ont montré le plus de dévouement à l'idée sociétaire; une critique générale, écrite en style pur, lucide et élégant, de l'état industriel de notre société. Il est à regretter que la partie expositive y soit traitée trop brièvement.

MADAME CLARISSE VIGOUREUX.

PAROLE DE PROVIDENCE. — 1835. — In-8°, de luxe, très élégant; 3 fr.

L'œuvre d'une femme chez qui la pensée forte et profonde trouve à son service un talent élevé. C'est vraiment merveille de voir comment une femme abat sous les coups de sa logique puissante les sonores vacuités qui ont si follement passionné tant d'esprits en Europe. *Parole de Providence*, au reste, n'est pas une réfutation des *Paroles d'un Croyant*: ce dernier ouvrage, considéré comme type des aberrations politiques et sociales du temps, a servi seulement de texte à l'auteur pour développer une belle expression, savante et religieuse, du dogme phalanstérien, et pour rappeler à la question les intelligences en déviation. Les questions sont posées dans ce livre avec une force de raison qui ne perd rien à la pureté de la forme et à la poésie de l'expression.

V. CONSIDERANT,
CAPITAINE DU GÉNIE, ANCIEN ÉLÈVE DE L'ÉCOLE POLYTECHNIQUE.

DESTINÉE SOCIALE. — 1836. — Deux forts volumes in-8°, très belle édition, gravures; 16 fr.

Cet ouvrage, dont on achève en ce moment l'impression, a été écrit dans le but de donner à l'École sociétaire le livre qui lui manquait, une exposition claire, précise, attrayante et adaptée aux exigences littéraires et typographiques de l'époque. De l'aveu de tous les lecteurs du premier volume, Considérant a bien rempli sa tâche; son style chaud, passionné, plein de couleur et de mouvement, emporte le lecteur de page en page jusqu'à la dernière. On peut bien trouver quelquefois la critique de Considérant tant soit peu acerbe et ses incrépations contre nos misères et les erreurs qui les perpétuent quelque peu brutales; mais on lui pardonne ses allures franches et les rudes formules de ses malédictions, car c'est dans un haut sentiment d'ordre et d'humanité qu'elles prennent leur origine. La science sociétaire a été rendue tellement claire et facile dans ce livre, que toute intelligence peut l'y puiser complète; la rigueur des démonstrations et leur enchaînement méthodique, dus aux habitudes polytechniques de l'auteur, forment, avec la vigueur du style, les qualités distinctives de cette exposition, où sont traitées d'ailleurs la plupart des questions en cause aujourd'hui dans le public. Cet ouvrage est dédié au Roi.

CONSIDÉRATIONS SOCIALES SUR L'ARCHITECTONIQUE, par le même. — 1835. — Br. in-8°; gravure; 2 fr. 50 c.

ÉDUCATION, par le même, 1836; in-8°. — 2 fr. 50 c.

VILLEGARDELLE.

BESOINS DES COMMUNES ; IMPUISSANCE DE LA POLITIQUE A LES SATISFAIRE, 1835. — 50 c.

Ce petit écrit est une lettre adressée par l'auteur à ses compatriotes pour les désabuser de la Politique et leur indiquer les voies réelles de la prospérité des communes, et par conséquent du pays. Cet opuscule est plein de finesse et de grâce. C'est un des écrits que le gouvernement devrait tirer à cent mille exemplaires et répandre dans les communes de France. Le bien qui résulterait de cette publicité est incalculable.

S.-R. SCHNEIDER.

𝔇𝔞𝔰 𝔭𝔯𝔬𝔟𝔩𝔢𝔪 𝔡𝔢𝔯 𝔖𝔢𝔦𝔱 𝔲𝔫𝔡 𝔡𝔢𝔰𝔰𝔢𝔫 𝔏𝔬𝔰𝔲𝔫𝔤 𝔡𝔲𝔯𝔠𝔥 𝔡𝔦𝔢 𝔄𝔰𝔰𝔬𝔠𝔦𝔞𝔱𝔦𝔬𝔫. — Problème du temps et sa solution par l'Association. Gotha, chez Henning et Hops.

Cet ouvrage est consacré surtout à l'examen des avantages matériels de la théorie sociétaire.

EUGÈNE D'IZALGUIER.

ÆSTHÉTIQUE. — Application aux arts æsthétiques de la loi d'harmonie universelle.

Les lois d'harmonie universelle, découvertes par Fourier, et spécialement appliquées par lui à l'organisation sociale, ont puissance de redresser toutes les sciences aujourd'hui en déviation, et sont appelées à vivifier et féconder toutes les branches de la pensée et de l'activité humaine. C'est avec ces lois d'harmonie, qui se résument et se typent dans la loi sériaire, que d'Izalguier a abordé les problèmes remués dans le monde artistique, et a cherché le lien qui met en corrélation et en mutuel secours de forces de moyens, la littérature, la musique, la peinture, la statuaire, la mimie, etc., en un mot, tous les arts æsthétiques. — Les fragmens les plus importans des études faites dans ce but, paraîtront incessamment dans les publications périodiques de l'École sociétaire. L'ouvrage se composera de quatre volumes, divisés en *science* et *critique*.

CHARLES DAIN.

SYSTÈME DU DROIT HARMONIEN.

Divers fragmens de cet ouvrage, qui a exigé une longue élaboration, paraîtront, comme ceux du précédent, dans les publications périodiques de l'École sociétaire. — Après avoir considéré le Droit dans son essence, l'auteur le suit dans son développement pratique. Le caractère de nos relations sociales le conduit à proclamer l'antagonisme du Droit et de la législation. Il expose la théorie du Droit naturel pur, en observant que ce droit n'est resté incompris que parce qu'il ne s'est encore exprimé dans aucune formule sociale.

TROIS DISCOURS,

PRONONCÉS A L'HOTEL-DE-VILLE,

(congrès historique)

PAR

CH. DAIN, V. CONSIDÉRANT, ET E. D'IZALGUIER ;

grand in-8°. — 1836. — Prix : 4 fr.

Considérations générales sur l'histoire au point de vue de l'École sociétaire.

LA RÉFORME INDUSTRIELLE,

OU LE PHALANSTÈRE.

Journal fondé en juin 1832, par Fourier, Muiron, Considérant, Lechevalier, Transon, et l'auteur de *Parole de Providence.* — 1832-33. — 2 vol. grand in-4°, 30 fr.

Lorsque parut ce journal, le Saint-Simonisme, après avoir jeté un vif éclat dû aux talens et au zèle ardent des jeunes hommes d'élite qu'il avait groupés, ainsi qu'au misérable état d'une société vulnérable par tous les points, subissait en tombant le résultat de la fausseté de son principe, — fausseté rendue manifeste alors aux yeux les moins clairvoyans, par les dernières conséquences auxquelles il avait logiquement abouti. Cette tentative ignorante de réforme sociale, dont les moyens étaient l'abolition de l'héritage, la destruction de la liberté et de l'individualité, l'absorption de toute puissance et de toute volonté humaines par la *loi vivante*, enfin la *main-morte universelle* établie au profit d'un sacerdoce d'*Hommes-Dieu*, avait eu un résultat funeste, celui de discréliter *toute œuvre de réforme* aux yeux du public, et de compromettre surtout le mot d'ASSOCIATION, duquel le Saint-Simonisme avait, très malheureusement, couvert ses étranges et vraiment monstrueuses aberrations.

La marche du journal de l'École sociétaire était tracée et commandée par ces circonstances. Il fallait qu'il fût sobre de paroles ambitieuses, de proclamations sociales, d'appels à l'humanité; il fallait qu'il fût rationnel, démonstrateur, qu'il procédât, la logique et le calcul à la main, et développât surtout la face matérielle de l'Association, qui d'ailleurs est la face de base et sans l'établissement de laquelle l'Association ne sera jamais qu'un mot incompris.

L'influence de la *Réforme industrielle* fut prompte sur la *presse départementale*, plus désireuse des améliorations réelles que des remaniemens politiques. C'est par l'action de ce journal et par le concours de cette presse que l'École sociétaire fut nommée en France.

Quand fut développée la question des *intérêts matériels* et sa valeur sociale démontrée à évidence, la tâche de la *Réforme industrielle* était remplie, son cercle parcouru. Elle cessa de paraître pour faire place à une publicité d'un autre ordre dont les moyens furent dès lors préparés. Cette nouvelle ère de propagation de l'idée sociétaire, commencée par la publication de PAROLE DE PROVIDENCE, de DESTINÉE SOCIALE, et de plusieurs autres publications précédemment annoncées, va se poursuivre dans la publication toute prochaine du journal LA PHALANGE.

La *Réforme industrielle* est un grand recueil de travaux remarquables, à la rédaction desquels les fondateurs nommés plus haut n'ont pas seuls concouru. On doit citer Ch. Pellarin surtout parmi ceux qui plus tard ont coopéré à cette œuvre.

On pourra s'étonner peut-être que nous ayons des éloges pour tous les ouvrages avoués par l'*École sociétaire*, dont nous venons de donner la liste. A cela nous répondrons que nous avons fait une appréciation juste, et qu'effectivement les hommes que nous avons nommés et qui se sont consacrés au dur et laborieux apostolat, encore inachevé, de la doctrine sociétaire, sont des hommes éminens par la raison, le cœur et le talent. Chacun est à même de le vérifier par leurs œuvres.

Tous ceux de ces ouvrages qui ne sont pas épuisés, se trouvent,

AU DÉPOT CENTRAL

DES PUBLICATIONS DE L'ÉCOLE SOCIÉTAIRE,

Rue Jacob, n° 22, *à Paris.*